子どもの貧困対策
第２ステージ

まちの子どもソーシャルワーク

幸重忠孝・村井琢哉　著

かもがわ出版

子どもたちは、ふだん、まち（地域）で、どのように過ごしているでしょう？
子どもの世界は、歩いて行ける小・中学校の学区の範囲。
貧困や孤立を抱える家庭であれば、その世界はさらに狭いかもしれません。

見渡せば、まちにはたくさんのおとながいます。
子どもたちがふだん接する親や先生とは違うまちのおとなに出会うことで、
貧困によって奪われる体験、楽しさ、うれしさ、つながりが満たされます。
おとなも、はじめて出会うわが子ではない子どもたちから、
家庭や仕事では経験できない気持ちを受け取れます。

でも、貧困を抱える家庭の子どもがまちのおとなと出会う機会は、
自然には生まれません。

「まちの子どもソーシャルワーク」は
まち（地域）での子どもとおとなの出会いをつくる新たな取り組み。

子どもの貧困対策第2ステージ

まちの子どもソーシャルワークの世界へ、ようこそ！

子どもの貧困対策第2ステージ

まちの子どもソーシャルワーク

もくじ

カバー・本文イラスト●関口シュン
カバー・本文デザイン●小林直子

第1部

まちとつながる子どもソーシャルワーク

まちの子どもソーシャルワークとは

従来の子ども支援にありがちな専門家による課題別窓口や振り分け支援ではなく、子どもを中心に、子どもが暮らすまち（地域）で、子どもが抱える困難の解決に向けて取り組むソーシャルワーク実践。

ソーシャルワークとは（国際定義）

ソーシャルワークは、社会変革と社会開発、社会的結束、および人々のエンパワメントと解放を促進する、実践に基づいた専門職であり学問である。社会正義、人権、集団的責任、および多様性尊重の諸原理は、ソーシャルワークの中核をなす。ソーシャルワークの理論、社会科学、人文学および地域・民族固有の知を基盤として、ソーシャルワークは、生活課題に取り組みウェルビーイングを高めるよう、人々やさまざまな構造に働きかける。この定義は、各国および世界の各地域で展開してもよい。（社会福祉専門職団体協議会国際委員会・日本福祉教育学校連盟による日本語定訳）

ビジュアルノベル

智《さとし》の物語

貧困を背負って生きる子どもたち

脚本●幸重忠孝
イラスト●関口シュン

知ってるかい？
家で、教室で、
ひとりぼっちということは、
世界でひとりぼっちなのと同じなんだよ。

小学校最後の運動会。
担任のコジローは組み体操が終わったあと、
感動のあまり泣き出した。

「みんなの団結力はなぁ
これだけ人を感動させられるんや！
コジロークラスは世界最強や！」

そんな先生の姿を見て、
みんなもらい泣きをしていた。

その輪の外でボクも泣いていた。
でも、ボクの泣いているほんとうの意味を
誰も知らない。

組み体操の練習は、ほんとうに嫌だった。
ボクとペアになったあいつらは、
手足がふれるごと
嫌な顔をし、汗を拭くふりをし、
ボクのふれた箇所を拭いていた。

着替えが終わった教室で
何度も何度も、
制汗スプレーを吹きつけられた。

あの地獄からやっと解放される。
うれしくて泣けてきた。
でも、きっと明日から別の地獄のはじまり。
不安で涙が止まらない。

この地獄から逃れたい。
考えるだけで、お腹も頭も痛くなる。
けど…、
「学校を休む」なんて絶対言えない。

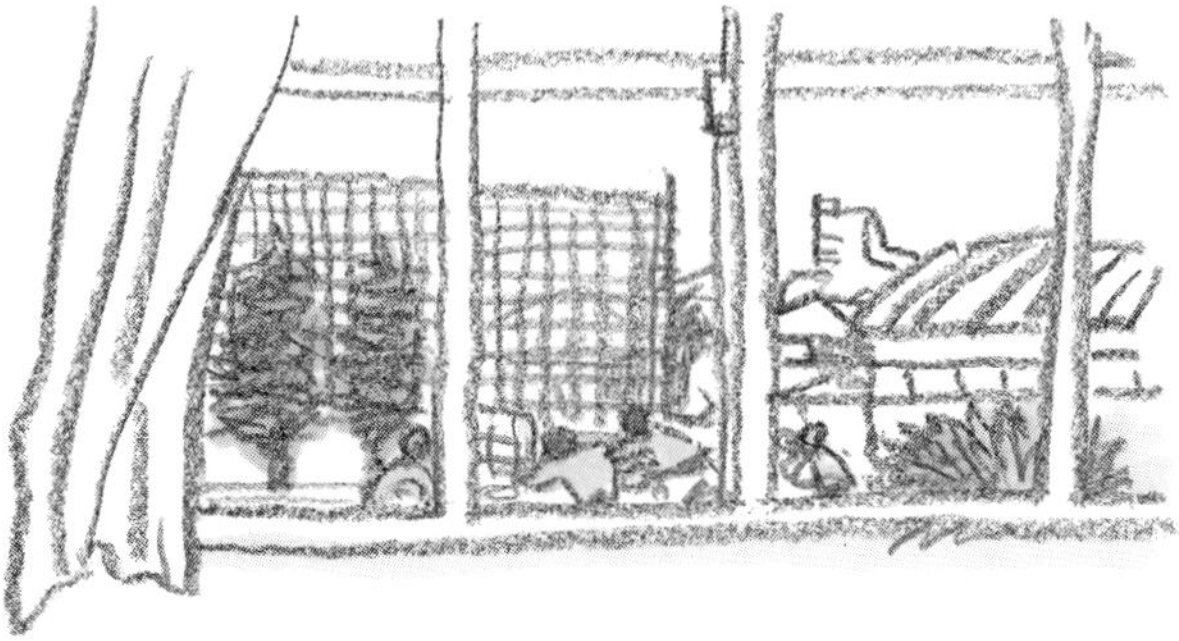

中3の仁兄《じんにい》にしばかれるのはホンマ痛い。
仁兄は、自分は学校に行ってないくせに、
「俺みたいになったらあかんのや」と、
決して学校を休ませてくれない。

だから、どうしても苦しいときは、
保健室に逃げ込む。

保健室の主ミルミルは、
魔法使いのおばあちゃん先生。
お腹をさすってくれるだけで、
おでこに手をあててくれるだけで、
痛みがすっと引いていく。

朝ご飯を食べられていないと知ると、
魔法のポケットをたたいて
ビスケットを出してくれる。
ほんとうは、ずっと保健室にいたい。

でも、長居はできん。
保健室で休んでいることが
おかんにばれると、やっかいやから。

おかんは病気がちで、
なにか心配ごとがあると、落ち込んで何日も寝込む。

いや、落ち込むときは、まだええ。
ボクがガマンすればええだけや。
キレたときがホンマ困る。
今までも、学校でなにかがあると、
何度も同級生の家や学校に
怒鳴り込んでいった。

去年の担任は、やさしい先生やった。
でも、うちのおかんのせいで、病気になって先生を辞めた。
「おまえのおかんが『モンペ』やったから、
　先生が辞めたんやぞ。責任取れ」
今もみんなに言われている。

だから、何があっても、
おかんに知られるのだけは、あかん。
それだけは、絶対にあかん。
だから、保健室に長居はできん。

その頃、家でちょっとええことがあった。
毎週金曜日、仁兄が無料の塾に行くようになった。
その日はゆっくり家で過ごせる時間。
仁兄は、少しやけど最近やさしくなった。

でも、ええことがあると必ず悪いことがある。
きょうはせっかくの仁兄がいない夜なのに…、
学校で汚された体操服。
もとから汚れていたけれど、
さすがにこれはやばい。
洗濯機は、とうに壊れている。
どうやっておかんにばれずに汚れを落とすか、
考えないとあかん。
汚れた体操服は、ボクの心も汚していった。

くやしい。
くやしい。
学級通信のクラス写真のあいつらの顔を
えんぴつで突き刺し、塗りつぶす。

でも、心が晴れることはなかった。

泣き疲れて眠ってしまった。
かすかにぼやけた視線の先に、おかんが見えた。
ブツブツつぶやいている
おかんの視線の先には、
学級通信の写真。

あかん！
おかんのようすがおかしい。
仁兄！
ああ…、きょうは塾の日や。
このままやと、きっとまた学校で
たいへんなことになる。

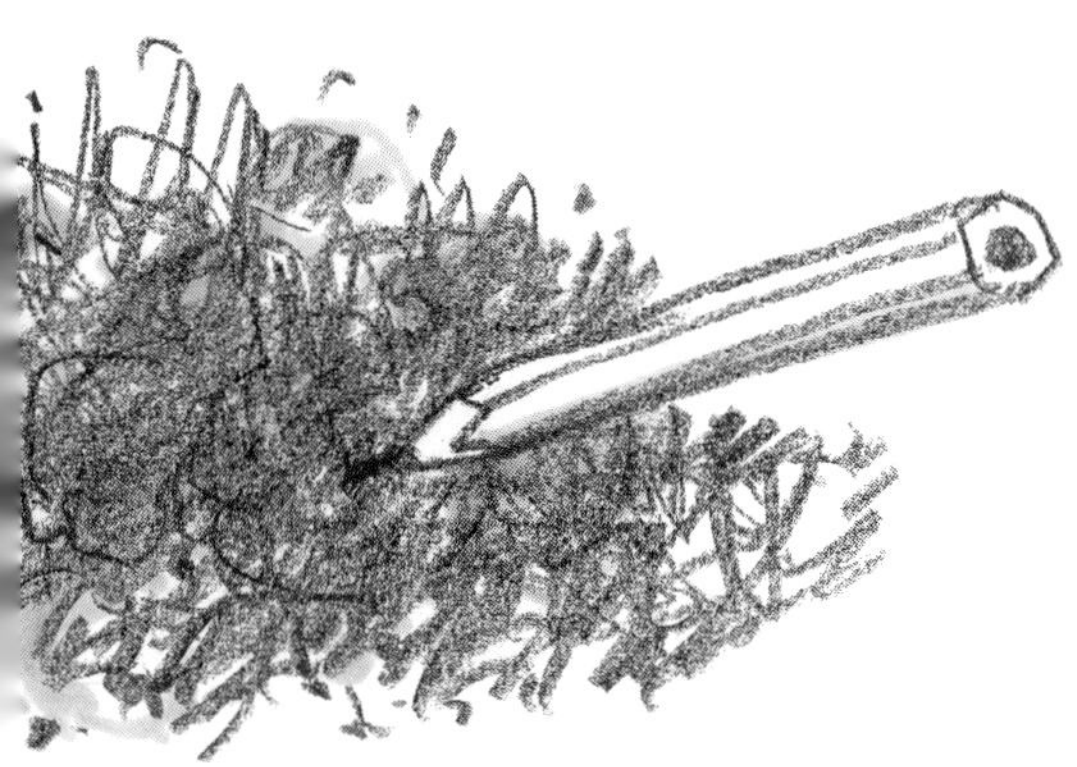

「おかん、ちゃうねん！」
おかんの腕をつかんだ瞬間、
身体が宙を舞った。
後頭部と右腕に痛みが走り、
視界が真っ黒になった。

目が覚めたらそこは病院だった。
右腕が重い。ギプスで腕が固定されていた。
確か、おかんを止めようとして…そっか。

右腕がズキズキする。
でも、明日から学校に行かなくていいと思ったら、
何か心と身体がすごく軽くなった。

翌朝、仁兄が来てくれて、
おかんがまた入院になったことを教えてくれた。
そして夕方、コジローと保健室にたまに来るＳＳＷとかいう
なべさんが見舞いにきてくれた。

ＳＳＷというのは何か勉強を教える先生やなくて、
みんなに安全で安心な学校生活を送ってもらうのが仕事、
とか言ってたのを覚えている。
でも、ボクは今もこんな学校生活を送っているんだ。
知ってる？　なべさん。

突然、コジローが「気づいてやれなくてすまなかった」
と頭を下げてきた。唐突すぎて何のことかわからない。
なべさんが簡単にいきさつを説明してくれた。
きょうの休み時間に、
休んでいたボクの机に花瓶が置かれていたらしい。
おかしいと思ったなべさんによって、
いじめがあったことをコジローが知ったのだ。

「ホントに悪かった。
明日にでもクラス全員連れてきて、
ここで謝罪させる」
「退院したらおまえがいじめられんように、
ずっと横についていてやる」

…かんべんしてほしい。
そんな意味のない謝罪なんていらない。
それにずっといるなんて、絶対無理やん。
何とかしたいコジローの気持ちは
理解できないわけでもないけど、
返事をすることはできなかった。

そのとき、なべさんがコジローの言葉をさえぎった。
「智くんは　どうしたいの？」

あの日から何かが少しずつ変わりはじめた。
コジローとなべさんが来るたび、
クラスでの取り組みを教えてくれた。
なべさんは、入院しているおかんや家にいる仁兄のことを教えてくれた。
そして、毎回これからボクがどうしたいのかを聞いてくれた。

いつの頃からか、コジローも黙って、
ボクの話に耳を傾けてくれるようになっていた。

「ホント、1年間何を見てたんやろう。
担任失格や。あと3か月しかないけど、
もう一度クラスをつくり直したいと思う。
ほんとうにすまなかった」
相変わらずコジローは熱い。
組み体操のときは、正直うざかった熱さが、
今は少し、ほんの少しだけど、心強い。

長くて短い入院生活が終わり、
家に帰って驚いた。
足の踏み場がないほど
ゴミにあふれていたわが家が、
よその家みたいになっていた。
たまにうちに来る福祉の人、
田中のおばちゃんと
仁兄がドヤ顔で迎えてくれた。
なんか田中のおばちゃんとなべさんは、
仲のいい知り合いになっていた。

片づけられた居間で
来週、退院してくるおかんに
学校でのいじめのことをどう伝えるか話し合った。

最後に田中のおばちゃんが、

「お母さん、帰ってきても家事たいへんやし、
今、仁くんが行っている夜の活動に智くんも行く？」

「智、絶対ええからおまえも行け！　おもろいで」

「ひとりで行くのが不安やったら、仁くんと同じ日でもええよ」

仁兄とボクの声が合わさった。

「同じ日は絶対イヤ！」

そして、久しぶりの学校。
玄関を出るときにお腹がキリキリ痛んだ。
がまんして学校へ行こうとしたけど、
校門に入る前に足が固まった。
何度も動けと足をたたいた。
言うことをきかない自分の身体。
涙もいっぱいあふれてきた。

しばらくしてミルミルが、
校門まで迎えにきてくれた。
やっぱりミルミルは魔法使いや。
足をさすってくれたら、石の足は元の足にもどっていた。

保健室に入るとミルミルが、

「今朝、うんこさんしてきた?」

と聞いてきた。

これがミルミルのお約束のあいさつ。

固かった緊張が少し解けた。

保健室にやってきたコジローは、

「俺がいつでも横についているから教室へ行こう」

と言ってきた。

「トイレのときは、どうすんの?」

「連れしょんだろ!」

もちろん、教室にはコジローとじゃなくて、
保健係のみんなと行った。

でも、教室に向かう階段の踊り場で
ミルミルの魔法は消えて、足は石にもどってしまった。

それからしばらく、ボクの教室は、
保健室と相談室になった。
給食や休み時間は保健室で過ごし、
相談室ではいろんな先生に勉強を教えてもらった。
実はずっとわからず困っていた割り算も、
ここで覚えられた。
習字セットがなくいつも漢字ドリルの時間だった習字も、
校長先生に教えてもらいながら、たくさん書けた。
ボクの作品は校長室に飾られていた。

あれほど嫌いだった給食の時間が、
今ではいちばん楽しみな時間。
チョークや消しカスが入っていない給食は、
安心して完食できた。
数人のクラスの子が保健室に来てくれる。

みんなでおしゃべりしながら食べる給食は、
あたたかい味がした。

コジローが毎日連絡帳にメッセージを書いてくれる。

給食を準備しているとき、保健係のゆきえさんが、
「智くん、早く右手使えるようにならんとあかんし、
大きい唐揚げにしとくな」と言ってたぞ。
しっかり食べたか？

今までコジローが教室で熱く発した言葉より、
たった4行の書かれた言葉が心に響いた。
けど、ボクの足にかかった石の呪いは、
いまだに解けていなかった。

2月14日
ミルミルが帰り際に、
かわいい便箋とチョコを渡してきた。

「このお手紙は保健係のゆきえちゃんからね。
帰って読んでって、言ってたよ」
「あ、こっちのチョコは私から。
ゆきえちゃんからやと期待した？」

…したし。

「あとこれはチョコに見えるけどお薬だから。
明日の朝、学校に行く前に食べてきて。
効果は1時間目だけだから」

家に帰ってゆきえさんからの手紙を
ドキドキしながら開けた。

明日の1時間目に作文読むので
必ずきてください。
智くんにいちばんに聞いてほしいです。

かわいい字で書かれていた。
期待した告白とは違った。
でも、チョコレートのシールが貼ってた!!

相変わらずミルミルの魔法はすごい。
ついに階段を超え教室の外の廊下まで
足を動かすことができた。

教室の入り口でなべさんが壁になってくれた。
ドアの後ろで三角座りをして
授業の内容に耳を傾けた。

ボクが入院してから1か月にわたって取り組んだ
特別授業の最終回だった。
みんなが作文を読み上げていた。
最後にゆきえさんが作文を読んだ。
小さなやわらかい声が聞こえてきた。
でも、その声は少し震えていた。

去年、お父さんが自分で命を絶ったこと。
まわりの人たちがそのことで
いろんな噂《うわさ》をしてつらかったこと。
何度も「違う！」と言いたかったのに
一度も声に出すことができなかったこと。
智くんがいじめられているときも、
ほんとうは見ていて嫌だったのに、
声を出すことができずにつらかったこと。
きっと智くんも私と同じで、
「やめて！」と言いたかったのに、
声に出すことができなかったと思う。

ゆきえさんは途中から泣きながら、
でも、最後までしっかりと読み上げた。

コジローは、もちろん泣いていた。
クラスのみんなも泣いていた。
その輪の外で、ボクも泣いていた。

ボクの涙の意味が、みんなと同じに思えたから。

気がついたら作文を読み上げたゆきえさんへの拍手のなか、
ボクもみんなといっしょに…
いや、いちばんの拍手をしながら、
自分の席に座っていた。

こうして小学校生活最後の1か月を
また教室で過ごすことになった。

あいつらに謝ってほしくないことを
コジローにもなべさんにも何度も伝えていたから、
数人とは今も気まずい空気が流れている。
でも、謝りたいと思っている子らは、
自然と話しかけてくれる。
いっしょに遊ぶ。
それでいいと思う。
明日は最後の席替え。
その班で卒業遠足にも行く。

コジローが放課後にボクを呼んだ。
「みんなに言うなよ。
いろいろがんばってきたから、
最後に智の好きなメンバーで班を組むから」
ルール違反や不平等が大嫌いなコジローの、
特別扱い。

コジローが担任で、よかった。

最後の班で、ボクははじめて、
班長という役をすることになった。
同じ班のゆきえさんが推薦してくれた。

気がつけば最後の班になってから
保健室へ行くことはなくなった。

毎日がひとりぼっちだったあの頃、
卒業式までの日を数えて、
それだけを考えながら毎日過ごしてた。

誰も寄せ書きを書いてくれないはずだった卒業アルバム。
今でもひとりぼっちかもしれないと思ったときに、
寄せ書きのページを開けてみる。
そして確認する。

ボクはひとりじゃないことを。

（完）

●この物語は、スクールソーシャルワーカーの実践をもとにしたフィクションであり、登場する団体・人物などの名称は、すべて架空のものです。
●「智の物語」の動画は、こどもソーシャルワークセンターのホームページからご覧になれます。
●智の兄を主人公とした「仁の物語」は、前作『子どもたちとつくる貧困とひとりぼっちのないまち』に掲載されています。
また、動画は、山科醍醐こどものひろばホームページ内「動画など」からご覧になれます。

第1部

まちとつながる子どもソーシャルワーク

京都の山科醍醐こどものひろばで、2010年、NPOとしてはじめて、子どもの貧困対策事業を始めました。2014年からは、滋賀県や大津市で社会福祉協議会とともに、スクールソーシャルワーカーと力を合わせて、新たな実践を始めています。

こどもソーシャルワークセンター代表
幸重忠孝

CHAPTER 1

思春期を迎えた貧困を背負う子ども

負のスパイラルに落ちていく子ども

「教頭先生、もう限界です。あの子を施設か病院へ入れられないのですか？　このままだと、授業が成立しないまま1年が過ぎてしまいます」

放課後の職員室。てっちゃん★の担任の先生が、疲れ切った顔で教頭先生に訴えています。担任の先生はきょうも1日てっちゃんに振りまわされていました。授業中に抜け出すことはあたりまえ、気がついたら校庭で水をまき始める。花壇におしっこを始めたとき、担任の先生は心のなかで叫びました。

★てっちゃん
前作『子どもたちとつくる貧困とひとりぼっちのないまち』で登場した、当時は小学校2年生の男の子。本書では、成長して再登場。

「小学5年生にもなってこんなことをする子を指導するために、教師になったわけじゃない！　こんなのは教育の範疇を超えている！」

担任の先生の悲鳴に対応すべく緊急に開催された校内ケース会議は、きょうも重苦しい空気が流れていました。てっちゃんは、入学した頃から貧困課題を抱える家庭の子として、校内や関係機関で頻繁にケース会議をもって対応してきました。てっちゃんは母子2人で暮らしており、近所に母親が頼れる友人や親戚はいません。父親は派遣社員で単身赴任をしており、わずかな生活費を毎月仕送りしてくるものの、年に数回しか家には帰ってきません。母親は、てっちゃんが幼児期より精神疾患を抱えていたため、ネグレクト（育児放棄）状態が続いています。今までも長期休暇に何度か児童相談所で一時保護されたこともありましたが、今ではてっちゃんが一時保護所に行くのを嫌がっています。低学年の頃から汚れた身なりや乱暴な言動のため、てっちゃんはまわりから孤立してきました。「いじめ」の被害者や加害者として名前があがることもたびたびありました。

こうして関係機関による「見守り支援」が何年も続くなかで、てっちゃんは負のスパイラルのなかにじわじわと落ちていきました。

会議は踊る、されど進まず

「で、きょうもこの学校での惨状を母親に報告したらダメなんですか？」

担任の先生の質問に、校内で虐待対応を担当する教育相談の先生が答えます。

「先月の関係機関とのケース会議（要保護児童対策地域協議会★）で、物を壊すこと、他人に危害を与えること以外の保護者への連絡は、精神状態がよくない母親にストレスがかかるのでやめておきましょうと決まったところやし、それを勝手に破るわけにはいかんやろ。それにあのかあちゃん、先月も自殺未遂で家に救急車来てたらしいじゃないですか。最近は先生が電話しても家庭訪問しても結局、居留守なんですよね」

「とっくに着信拒否されていますよ。あと関係機関とのケース会議で決まったって先生言いますけど、関係機関言うても、福祉も医療も口ばっかりで直接何もしてないじゃないですか？　子どものこの状況を直接見ずに、学校には『あれしろ。これするな』ばかりで。

校長先生、こういう子は出席停止とか、させられないのですか？　ほかの子の学習

★要保護児童対策地域協議会
児童福祉法に規定された要保護児童等への適切な支援を図ることを目的に、地方公共団体が設置・運営する組織。

権を侵害していますよ！　他の保護者もいろいろ言ってきてるんですよ。そもそもあの子、特別支援の対象ですよね。どう考えてもＡＤＨＤ★とかでしょ。薬飲ませて何とかならないんですか。以前、担任した子が薬飲んでおとなしくなったこともありましたし」

ヒートアップしている担任の先生の発言に、ちょっとカチンときた特別支援コーディネーターの先生が口を挟みます。

「医療につなぐと簡単に言いますけど、そんなこと今まで何度もやってきましたよ。結局のところ、親が通院させられなかったり、医療費が払えないと言われて続かなかったじゃないですか。今は経済事情で病院に通うのが難しい家庭がたくさんあるのを先生は知らないんですか？」

嫌な空気が会議に漂います。先生たちの話をずっと聞いていた校長先生が、書類を片手に話を始めました。

「まあ、先生はまだ若いからとまどっていると思うけど、これからの学校はいろんな家庭や子どもたちを受けとめていかないとあかんのですよ。で、実は県の教育委員会から子どもの貧困対策に関わってスクールソーシャルワーカーを特別派遣してく

★ＡＤＨＤ＝注意欠陥多動性障害
集中力が持続せず、不注意な言葉や行動によって落ち着きがない状態が続く。

れると連絡が来たので、うちにも来てもらおうと思うけどええかな」

「…と言うと、3年前みたいに週に2、3回来てくれるんですか？」

「いやいや、特別派遣だから集中的に来校するパターンらしい。何でも地域に生活困窮家庭の子どものための夜の居場所ができたそうで、そことの連携や調整が今回の派遣の主な目的と教育委員会から連絡もろうてるんや」

「もう何でもいいので、とにかく来てもらうように校長、お願いします」

こうして、てっちゃんの知らないところで派遣されたスクールソーシャルワーカーが、地域の子どもの貧困対策事業を活用して学校と地域をつなげる活動を始めます。それがてっちゃんの世界にどう影響し、学校や地域をどのように変えていくのか、なぜ、この自治体のスクールソーシャルワーカーがこのように特別派遣されるようになったのかは、5章でお伝えしていくこととします。

CHAPTER 2

子どもの居場所、子ども食堂、学習支援が広がるなかでぶつかる壁

社会福祉協議会がネットワークをつくる新たな運営のしくみづくり

子どもの貧困対策推進法（２０１４年１月施行）、生活困窮者自立支援法（２０１５年４月施行）など法制度化が進むなかで、マスメディアによる報道の影響もあり、「子どもの貧困」課題について社会の注目が高まり、地域での居場所、子ども食堂、学習支援をつくる動きが広がってきています。第２部でも紹介されますが、例えば京都のＮＰＯ法人山科醍醐こどものひろばでは、２０１０年から、子どもの貧困対策事業として地域でさまざまな活動を展開していきました。山科醍醐こどものひろばの始めた子

どもの貧困対策事業は、今まで全国各地で点として行われていた目の前の子どもを救う活動だけでなく、子どもの貧困対策のモデル化や制度をつくり活動を点や線から面へと全国各地に広げていくことを目的としていました。

しかし、その目的を講演会、また法人への視察などで伝えていくと、「うちの地域でもやってみたい」という反応とともに「うちの地域にはこどものひろばのような民間団体がないから同じようなことはできない」という声を聞くことがよくありました。どんな地域でもできるモデルをつくっても、それを運営する民間団体が地域によっては存在しないこの現実にぶつかるなかで、２０１４年に京都市山科醍醐地域の隣の自治体である滋賀県大津市で新たな運営モデルをつくり出していくこととなりました。

大津市で始まった地域ボランティアによるトワイライトステイ（夜の居場所づくり）では、プログラムそのものは、山科醍醐こどものひろばの実践を用いながら、運営については大津市社会福祉協議会を中心としたネットワークによる新たなしくみで進めています。こどものひろばのような民間団体は、すべての地域にないかもしれませんが、社会福祉協議会は必ずどの地域（自治体）にもあります。大津で始まった実践は社会福祉協議会を核とすることで、点の活動を線から面へと全国に広げる可能性を提示していくことになりました。

スクールソーシャルワーカーを活用した学校と地域との連携

また、このような大津での動き以外にも、山科醍醐こどものひろばの実践をモデルにした活動が全国各地で始まっています。しかし、先ほど指摘した運営以上に大きな悩みとなっているのが、地域の民間団体と学校との連携の難しさでした。子どもの貧困対策に関する大綱では、「『学校』をプラットフォームとした総合的な子供の貧困対策の展開」と記され、さらに、スクールソーシャルワーカー★の配置と活用が明記されているものの、肝心の学校現場では、子どもの貧困対策推進法ができたことも知らない先生方がほとんど。スクールソーシャルワーカーも、要保護児童対策地域協議会を中心とする制度内での機関連携だけでも苦戦しているなかで、地域の民間団体が運営する居場所、子ども食堂、学習支援などと連携するノウハウをもっていないのみならず、民間の地域資源を活用し連携する発想ももてていないスクールソーシャルワーカーも多くいます。

何よりも連携するうえでの守秘義務の扱いの難しさとスクールソーシャルワーカーが不安定雇用(現在、特定の学校に毎日いるような勤務体制ではないスクールソーシャルワーカーがほとんど)のなかで、学区内で子どもの貧困対策の活動が地域の力で立ち上

★スクールソーシャルワーカー
教育現場に配置され、子どもたちの環境(家庭、学校、地域など)に視点を置き、子ども自身ではなく、環境を調整することで安全で安心な生活環境をつくり出す支援を行う福祉相談援助職。

がっても、この活動がスクールソーシャルワーカーとつながれていないケースが多くあります。居場所活動や子ども食堂、学習支援を行っている団体が、学区の学校にスクールソーシャルワーカーが来ていることを知りコンタクトを取ろうとしたところ、スクールソーシャルワーカー側から、「地域の方と会うことは私の仕事ではありません」と断られ、地域の団体が、もうスクールソーシャルワーカーは頼りにしない、と考えるような不幸な出会いも決してめずらしくありません。

このように、地域の子どもの貧困対策と子どもが日中過ごす学校とが、連携どころか断絶している地域もあります。国の思い描く学校プラットフォームのビジョンとは真逆の出会いが、残念ながらすでにあちこちで起こっています。山科醍醐こどものひろばがある地域でも、生活支援を行っている山科醍醐こどものひろばや学習支援を行っている山科青少年活動センターなどの地域の民間団体が、ケースを通して学校やスクールソーシャルワーカーとつながることは難しく、地域活動との連携に理解のある一部の学校とは連携できてきているものの、教育委員会といっしょに、市内すべてで対応できる連携システムをつくることはできませんでした。

教育委員会とともに、スクールソーシャルワーカーを活用するシステムもつくりたい――この思いをもって、滋賀県で２０１４年に、ネットワークで運営する居場所をつくりながら新たなシステムづくりにも取り組みました。

CHAPTER 3

大津市で始まったトワイライトステイと寺子屋プロジェクト

無料学習支援の広がりと限界

大津市では、滋賀県下でいちばん早く（２００７年）生活保護世帯の中学３年生の高校進学を目的とした無料学習会を毎年夏休み明けから3月まで、半年間開催していました（２０１４年から通年実施）。高校進学支援で大きな成果をあげながらも、ボランティアの確保が年々難しくなり、行政が実施する事業であったこともあり、なかなか当初のやり方を変えられないまま「大津市の子どもの貧困対策＝中３学習会」として数年が過ぎてしまい、地域住民を巻き込んだ子どもの貧困対策の取り組みに発展させることができずにいました。

この状況は、大津市に限らず全国的に見られます。２０１０年頃から子どもの貧困対策でいちばん脚光を浴びたのが、地域住民による高校進学支援を中心とする無料の学習支援でした。２０１０年に「なくそう！子どもの貧困」全国ネットワークが、東京で開催した「学びサポート全国実践交流会」でも、参加者の関心が高かった支援は地域で行う学習支援でした。学習支援は高校進学を目的として実施しているところが多く、成果を数値化しやすいため、行政主導の子どもの貧困対策として取り組みやすかったことも爆発的に広がった理由のひとつであると考えられます。

ところが、実施してみるとわかるのですが、この学習支援活動にはいくつかの課題がありました。そもそも学習会に来ることができる子は貧困を抱える家庭の子どもの「上澄み」の層にあたります。本当に生活そのものがしんどい状況にある子や家庭は勉強する前の段階（生活、情緒、将来の夢）が不安定なため、なかなか学習支援にはつながりませんでした。また、子どもに関わるボランティアの活動内容が受験勉強タイプの学習支援が多いので、この活動に参加できるボランティアは大学生や元教員が中心となり、ボランティアの確保が非常に難しいという問題点もありました。

よく学習支援に取り組む団体がボランティア不足のために教育系の学生に声をかけようとするのですが、そもそも教育系の学生の多くがすでに塾講師や家庭教師をバイトにしているか、将来の教員採用試験につながる学校ボランティアをやっているために、子どもの貧困対策のための学習会へボランティアとして来てもらうことは実は難しいという、ニーズのミスマッチが起きています。また、生活保護世帯などを対象にしていることから、開催についてオープンにされていない学習会も多く、地域住民も知らないままひっそりと行われていることも、ボランティアなどの協力者を広げる意味でマイナスになっています。大津市の場合も、学習会は社会から隠れるように、公共施設の会議室で行われてきました。

地域ネットワークで行うトワイライトステイ

　このようななか、２０１３年に大津市社会福祉協議会は大津市の委託を受けて、「生活困窮者自立促進支援モデル事業」の子どもの学習支援事業を行うことになりました。このモデル事業では、あえて福祉事務所が実施している中３学習会とは違うスタイルで行うことになりました。

　そのひとつが、トワイライトステイと呼ばれる夜の居場所での生活面を中心とした学習支援でした。まずは、市内１か所で週１回トワイライトステイを始めて、そこからネットワーク内の団体に広めていくことを目標に、独立型社会福祉士事務所、集団

トワイライトステイでの夕食風景。子どもたち、学生ボランティアなどみんなでにぎやかに。
子どもたちも、いっしょに料理することも／大津市・こどもソーシャルワークセンターにて

活動が苦手な子ども・若者を支援しているＮＰＯ、チャイルドラインや子育て支援などに取り組むＮＰＯに声をかけ、「大津市学習支援ネットワーク」をつくりました。活動資金はモデル事業の補助金を活用しました。トワイライトステイの会場は、地元の福祉系大学が管理する町家キャンパスを無償で提供してもらい、子どもと関わるボランティアについては会場を提供してくれた大学の学生に声をかけ、何とかスタートできる体制がつくられました。

　利用する子どもは、先ほど紹介した中３学習会の利用者で、高校に進学はしたとしても、おそらく

高校生活を続けることが難しいと考えられていた子どもたち。ぜひ受け入れてほしいと福祉事務所のケースワーカーの熱意に押されて、大津市でのトワイライトステイの第1号として来てもらうことになりました。

当初はまず1か所で週に1回モデル的に実施して1年間やってみてからネットワークに参加している各団体に広げる予定でスタートを切りました。ところが、山科醍醐★こどものひろばでつくり上げたトワイライトステイのプログラムの強みである「これなら自分たちでもできそう」というプログラム内容がここで力を発揮し、実際の活動のようすを見たネットワーク内のNPO団体が、「これなら自分たちもやってみたい」と当初の予定をくり上げて、半年後にはそれぞれのNPOの拠点で民間の助成金を活用して、トワイライトステイを始めることになりました。

また、有志で集まってくれた学生ボランティアも、週1回の活動では物足りなさを感じていたところだったので、ボランティアにとっても活動日が増えていい循環を生みました。さらに、ネットワークで関わることから、トワイライトステイだけでなく各団体がそれぞれもっている活動やつながりを生かすこともできました。生活困窮者世帯の支援を行っている社会福祉協議会が、無職状態の保護者の就労支援や家計支援を行ったり、子どもたちがスポーツをしたいと提案すれば市内の福祉施設職員のスポーツ大会に子どもたちを参加させてくれたり、大学生たちが子どもたちに合わせた

★山科醍醐こどものひろば
ホームページ
http://www.kodohiro.com/
特定非営利活動法人山科醍醐こどものひろばの実践やプログラムについては、『子どもたちとつくる貧困とひとりぼっちのないまち』（かもがわ出版、2013年）をご参照ください。

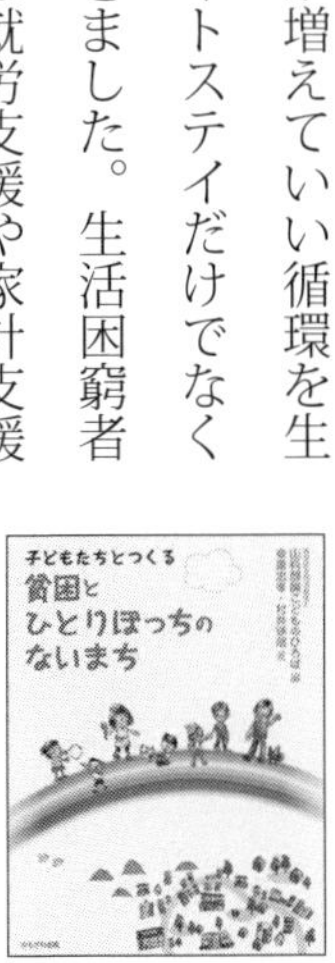

特別なオープンキャンパスを企画したり、子どもの貧困支援の全国ネットワークを活用して子どもたちと合宿に行ったり、ＮＰＯの行っている自然体験や就労支援に参加したりしています。このように、ひとつの団体だけでなく、さまざまなネットワークを生かして活動を行ったからこそ、子どもやその家族への支援や活動の輪が広がっていきました。

実際のトワイライトのようすは、この後の章で紹介するてっちゃんの話の続きを通して、お伝えしていくこととします。

寺子屋プロジェクトでまちも元気になっていく

大津市の生活困窮者自立促進支援モデル事業では、先ほど紹介したトワイライトステイと違う切り口の子どもの貧困対策事業も誕生することになります。それが「寺子屋プロジェクト」です。貧困課題を抱える家庭で暮らす子どもたちにとって、しんどさを感じやすいのがトワイライトステイで保障している夜の時間、そして、夏休みや冬休みなどの長期休業になります。本来、子どもたちにとっては長期休業はゆっくりと時間を過ごし、日頃体験できない学びを深める機会になるはずですが、貧困を抱える家庭の子どもにとってはこの休みが逆にマイナスに働きます。

スクールソーシャルワーカーとして学校現場に入っていると、家庭力の差を長期休業明けにひしひしと感じます。給食がないことで体重を減らしてくる子、不規則な生活を送っていて元の学校生活にもどるまで時間のかかる子、そして、何よりも顕著なのが長期休業中の宿題です。絵日記、絵画、工作、作文、自由研究、習字など意識してこれらの宿題を見ると家庭力の差が顕著に表れています。

２学期に教室の後ろに掲示されている宿題。例えば絵日記を見てみると、多くの子が家族で過ごした楽しい家族旅行などを描いているなか、ある子どもは入院しているおばあちゃんのお見舞いに家族で行ったことを描いていました。長い夏休みに家族で出かけた思い出がお見舞いであったのかと

冬休みの宿題の書き初めをいっしょに／大津市・寺子屋プロジェクトにて

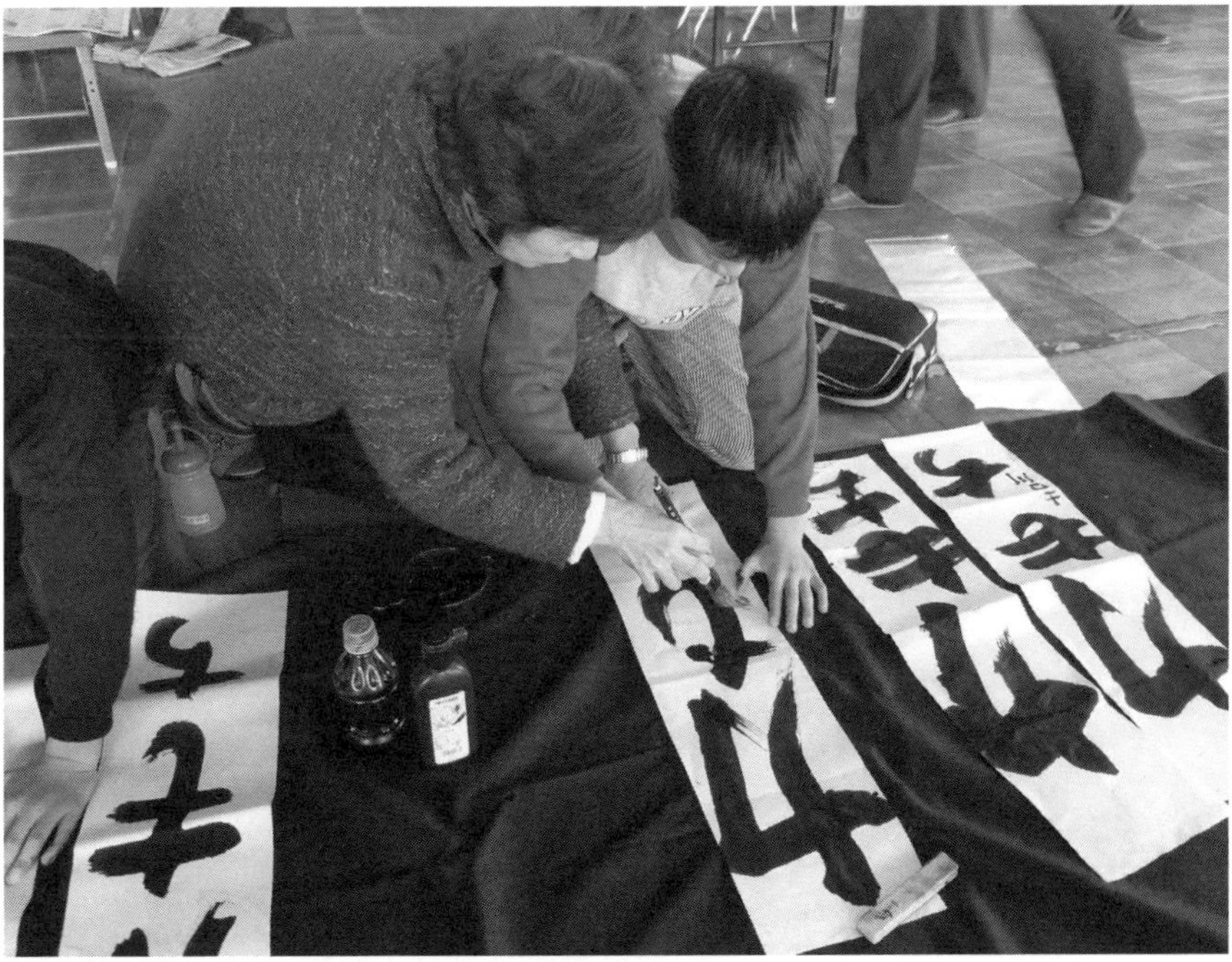

考えると、悪いことではないのですが、何か寂しい気持ちになります。

さらに、子ども同士の会話で、「○○ちゃんも、花火大会行ってたんや」とか、「△△ちゃんとこ、ハワイに行ったの！」と絵日記を見て声をかけられる子とそうでない子のあいだには、見えないながらはっきりとした線引きがされているのです。工作でも明らかに親のアドバイスや手助けがあった作品と子どもだけで作った作品には大きな差が出ます。子どもたちは家庭力の差には気づいていないため、「△△ちゃんの貯金箱すごいね」と、みんなにほめられて自己肯定感を高めることができるのは、家庭学習が保障されている子どもたちばかりになるわけです。

大津市のある学区社会福祉協議会で行っていた寺子屋事業を市内の全学区に広げることとなる「寺子屋プロジェクト」は、まさにこの学校長期休業中の学習支援や食の支援を目的に学区単位で行うことになりました。

無料の学習支援やトワイライトステイなど毎週開催される夜の活動は学校帰りの学生にとってはボランティアとして参加しやすい反面、子育て中やシルバー世代のボランティアなど夜に家を空けることが難しい人たちには参加しにくい活動です。社会福祉協議会がつながっているボランティアの多くが、トワイライトステイや学習支援は夜に毎週あるので正直手伝いにくいけど、寺子屋プロジェクトなら長期休業中に数日間だけなので手伝いたい、と声をあげてくれました。事前に学区社会福祉協議会の役員を対象に子どもの貧困と寺子屋プロジェクトの研修会を開催したところ、地域住民から夏休みの宿題サポートといわれても勉強を教えられないから難しいという声があがりましたが、絵画・工作・習字・思い出づくりなどもプログラムに組み込んで欲しいことを伝えると「それなら地域のあの人に声をかけてみよう」と地域の人が活躍する出番をつくることができました。また、寺子屋プロジェクトは、給食のない長期休業中に実施するということで、できるだけ「食」に関わるプログラムを入れてほしいと伝え、単なる夏休みの宿題サポートだけでなく「子ども食堂」としての機能ももたせています。

寺子屋プロジェクトは、トワイライトステイのように少人数の子どもたちを関係機関とつながってピックアップして家庭的な環境でサポートするというスタイルではありません。地域の子どもなら誰でも参加できることを基本としています。活動を通して地域の人と子どもたちが出会う場づくりが目的です。そして「つながり」ができにくい生活困窮家庭の子どもたちやその家庭がこの事業を通して地域とつながりをもつためのきっかけづくりの取り組みです。

やがて、この寺子屋プロジェクトは参加した子ども以上に地域そのものを変えていくこととなっていきます。「地域の子どもは地域で育てる」というキャッチフレーズはよく聞く言葉ながら、地域の人がそれを実感することはあまりないのが現実です。例えば、スクールガード（学校の防犯）で暑いなか、寒いなか、子どもの登下校を見守るボランティア活動がありますが、「最近の子どもはあいさつをしても返しもしない」という声をよく聞きます。スクールガードに立っている方からすれば、「どこそこの子ども」「あそこの孫」と知っている子どもでも、子どもからしたら申し訳ないのですが「見知らぬおじさん、おばさん」なわけです。「知らない人に声をかけられても絶対に返事しないこと」と小さなころから親や学校で言われて育ってきた子どもたちからすれば、地域の人でも知らない人にあいさつを返さないことのほうが自然なわけです。

しかし、寺子屋プロジェクトを終えた後、小さな変化が起きてきたと地域のボランティアの人たちが話します。スクールガードで立っていたら、寺子屋で知り合った子どもが「寺子屋のおっちゃんや」と向こうから声をかけてくれるようになったと言います。買い物をしていても今まで視界に入っていたけれど気にもしなかった親子が、今では声をかけ合うご近所さんになったと言います。子どもの貧困対策で地域ができることは、特定の子どもを支えるだけでなく、長い目で考えて、子どもとまちのおとなが出会う場をつくること――それは、まちにとって、とても意味があることをこの寺子屋プロジェクトは教えてくれています。

CHAPTER 4

滋賀県で始まったフリースペースと淡海子ども食堂

大津市社会福祉協議会を中心にモデル事業の取り組みが形になってきた頃に、滋賀県では、社会福祉法人や当事者団体等、民間福祉関係者が分野や立場を超えて集まり「滋賀の縁《えにし》創造実践センター」(以下、縁センター)が設立されました。縁センターは、だれもが「おめでとう」と誕生を祝福され、「ありがとう」と看取られるまで、ふだんのくらしのしあわせ(ふくし)がもてる社会を創ろうと、資金と思いをもち寄り、「制度で対応ができないニーズに対する支援の開発と実践」をスタートさせました。

こうして滋賀県では、すべての子どもを真ん中においてつながり合うコミュニティをつくる取り組みがスタートしました。それが「福祉施設を活用したフリースペース」と「遊べる・学べる淡海《おうみ》子ども食堂」です。

福祉施設を活用したトワイライトステイ

フリースペース(居場所)は、縁センターの小委員会で「地域の社会資源として24時間人がいる福祉施設を活用できないか」という高齢者施設の職員の意見から検討が進み、2015年に最初のフリースペースが大津の高齢者施設で始まりました。利用する子どもについては、後に紹介するスクールソーシャルワーカーの力を借りて、地域の小・中学校や家庭児童相談室から夜の居場所を必要としている家庭の子どもや不登校で人と関わる機会の少ない子どもをフリースペースにつなげることになりました。

活動を重ねるなかで、社会福祉施設で行う強みがいくつも見えてきました。トワイライトステイは生活支援の要素が多いため、生活支援を基本とする福祉施設と非常に相性がよいことがわかってきています。食事については施設では入所者に提供しているので、子どもたちとボランティア分をお願いすることが可能でした。また入浴については今までは近所の銭湯や家庭用風呂を活用していましたが、社会福祉施設のお風呂はそもそも大人数でゆっくり入れる規模のため子どもたちやボランティアにも好評です。そして何よりありがたかったのが施設による子どもの送迎でした。トワイライトステイでは21時頃に活動が終わっても迎えに来られる家庭は希で、遅い時間であるためにこちらのスタッフが送迎することがほとんどです。そうなるともどってから片付けやボランティア振り返り会となるため終了時間が22時ごろになってしまっていました。フリースペースでは施設が子どもを送迎してくれることで、ボランティアの負担を大幅に軽減することができました。

フリースペースの効果は利用する子どもやボランティアだけでなく、施設で生活する利用者にとっても意味のある刺激となりました。小規模施設で実施しているフリースペースでは、共有スペースで子どもたちとお年寄りが関わる時間が自然とできます。認知症のお年寄りの方は毎回子どもたちに、「どこの子ぇ？　どこの学校の何年生やぁ？」とたずねてきます。

子どもたちは、日頃家に帰っても「おか

フリースペース「ひこねふるさと」での活動のようす

えり」と家族の返事がない家での生活をしていたため、毎回同じことを聞かれてもいつもうれしそうに元気に答えています。図工で作った作品を家に持って帰っても見せるおとながいない子は、フリースペースに持ってきて、自慢の作品をお年寄りに見せてまわります。お年寄りのみなさんは、子どもが作品を持ってきたら批評などは絶対せずに、「すごいなぁ。かしこいなぁ」とほめてくれます。それはお世辞の言葉ではなく、子どもが一生懸命に作った作品だから、完成度がどうのこうのではなく、ただそれだけですごいと思って心からほめてくれます。だから、子どもたちにそのお年寄りの言葉は響きうれしい感情がわき上がってきます。

また、施設の職員の話によるとフリースペースのある日は、利用者さんたちの表情が違うことが報告されています。子どもの声や笑い声が施設に響きわたることを楽しみにしており、それが利用者さんたちにとって刺激にもなっているから、やわらかい表情になるのだと考えられます。

こうして滋賀県では、２年間で10か所のフリースペースがスタートしました。

子どもが自分で通えるまちに子ども食堂を

縁センターでは、フリースペースだけでなく、地域の子が誰でも参加できる寺子屋

淡海こども食堂「リエゾン」夕食風景

プロジェクトと同じ趣旨の「遊べる・学べる淡海子ども食堂」の取り組みも並行して始めました。全国的な「子ども食堂ブーム」と大きく違ったことには、次の点があります。

①ひとつの団体が行う点の活動ではなく、県全体に広げるプロジェクトであること

②各地域や団体特性を生かせる柔軟性をもった活動にすること

③各子ども食堂を支える中間支援の役割を市町社会福祉協議会が担っていること

子どもたちが自分で通える範囲の基準として、学区(中学校区)があります。

滋賀県はもともと小地域福祉活動

が活発で、学区社会福祉協議会による地域福祉が活発であったことと重なり、「遊べる・学べる淡海子ども食堂」は、立ち上げ当初から県内のすべての小・中学校区（約300か所）に子ども食堂をというスローガンと、数値目標が出されました。そして、資金についても立ち上げ補助制度（3年間で40万円の補助金）を設けたことで、取り組みのハードルは一気に下がりました。

2015年夏に県内5か所から始まった取り組みは、たった2年半で県内約80か所★に広がっています。このような民間の動きに連動し、2016年度は、滋賀県が「淡海子ども食堂推進事業」として750万円（2017年度は1000万円）を計上し、民間のムーブメントが地方行政を動かしました。とは言え、実際に子ども食堂を運営するとさまざまな悩みが出てきます。そこで2年目からは、「子ども食堂開設準備講座」「子ども食堂交流会」「子ども食堂中間支援職員研修（市町の社会福祉協議会のコミュニティ・ソーシャルワーカーなどを対象）」を県内各地で年間を通して開催、さらに子ども食堂スタッフ交流会から出た意見をもとに、3年目からは「子ども食堂実践者研修会」を開催したり、県と協議して「子ども食堂における食品衛生法の営業許可の考え方」の通知を出したり、その通知文も含めて立ち上げや運営に参考となるガイドブック★「遊べる・学べる淡海子ども食堂をはじめてみよう！」を発行しています。

さらに2017年の夏には、滋賀県社会福祉協議会によって行政、地域をまき込ん

★子ども食堂マップ
滋賀の縁創造実践センターのホームページより
http://www.shiga-enishi.jp/dining_map/index.php

★ガイドブック「遊べる・学べる淡海子ども食堂をはじめてみよう！」
滋賀の縁創造実践センターのホームページからダウンロードできます。
http://www.shiga-enishi.jp/wp/oshirase/646

でいる「淡海子ども食堂」の運営をバックアップする個人や企業をスポンサーとして仲間になってもらう新たなしくみ「子どもの笑顔 はぐくみプロジェクト」★がスタートしました。企業として直接子どもと関われなくても、活動資金や食材・備品の寄付、スペース提供や寄付付き商品の開発など企業ならではの応援も、この新たに立ち上がったプロジェクトで広がっていくことが期待されています。「プロジェクトがスタートして数か月で、県内の大手企業である平和堂が、淡海子ども食堂などで食材購入に使える「平和堂商品券」年間６００万円分をプロジェクトに寄付し、さっそく各淡海子ども食堂に配布されました。また、平和堂県内全店舗（74か所）で「子ども食堂応援募金箱」の設置が始まっています。

このように、淡海子ども食堂はひとつの団体による点の活動ではなく、県内ネットワークで行うからこそ子どもが自分の歩ける範囲に次々と子ども食堂ができて、地域に見守ってくれるおとなを増やす「ひとりぼっちのないまちづくり」の大きなしかけとなっています。

★子どもの笑顔 はぐくみプロジェクト
詳しくは、社会福祉法人滋賀県社会福祉協議会のホームページをご覧ください。
https://shiga-hug.jp/

CHAPTER 5

少しずつ変わっていくてっちゃんと学校や家庭の環境

学校と地域の居場所をつなぐスクールソーシャルワーカー

「行かへん。家でゲームしているほうがええし」

放課後の相談室で夜の居場所トワイライトステイの話を聞いててっちゃんは、即答しました。

「夕ご飯も食べられるんやぞ。勉強も見てくれるし、ええやないか」

担任の先生が必死で説得しますが、足をぶらぶらさせて興味なさそうなてっちゃん。

「いつも家で何のゲームしてるん?」

特別派遣でやってきたＳＳＷ（スクールソーシャルワーカー）がてっちゃんにたずねると、てっちゃんがぽつぽつとゲームの説明を始めます。

「協力プレイできるんや。じゃあ、そのゲーム機も持ってきてくれる？」

「え？　持って行ってええの？　春休みに行ったところ（一時保護所）はあかんかったやん」

「今度のとこは、おうちでいるように好きにしてくれてたらええんやで。勉強もしたくなかったら無理にせんでもええしな。でも、おじいちゃんおばあちゃんたちが暮らしているところやから、びっくりして心臓止まるようなことはやめてな」

勉強も無理にしなくてもいいと言ったときに、担任の先生の顔が一瞬曇ります。

「うーん」

「先生も興味あるし、いっしょに見学しに行こうか。おもしろくなかったら途中で帰ってもええんですよね？」

教育相談の先生が提案します。

「あ、大丈夫ですよ。では、来週見学できるように担当者に伝えておきますね。アレルギーは大丈夫？　せっかくやから、好きなメニューも聞いておこうか」

「ぼく、ピザが好きやねん」

「あ、じゃあみんなでミニピザ作りをしようか。この前も別のトワイライトステイでやって、楽しかったからな」

「ミニピザって、何なん？」

「それは、当日のお楽しみや」

個別の関わりで見えてくるてっちゃんの強み

そして、当日。ＳＳＷ、教育相談の先生、担任の先生に連れられたてっちゃんが高齢者施設にやってきました。会場の施設の玄関では施設担当職員、トワイライトステイ担当スタッフのお姉さんとボランティアのお兄さんが待っていてくれました。くつを脱ぎ散らかして建物に入ろうとしたてっちゃんにお姉さんがやさしく声をかけます。

「おじいちゃんとおばあちゃんは風邪とかひきやすいから、建物に入るときには、必ず手洗いうがいをしてな」

そう話しながらお姉さんが率先して手を洗います。

担任の先生は驚きました。いつもは「うるせぇ！」と言って、指示に従わないてっちゃんが、素直に手を洗い始めたのです。

「なんや、きょうは猫かぶってるんか？」

担任の先生の言葉を聞いて、ＳＳＷが先生に声をかけます。

「たぶん違いますよ。手を洗う理由がしっかりわかっているからじゃないですか。てっちゃんは、理由がわかったらちゃんとできる子なんですね。学校では、個別にそこまで声かけて説明する暇、なかなかないですもんね」

担任の先生はその言葉にハッとします。いつも「5年生なんだから、自分で考えて自分で行動できるようになりなさい」とクラスの子たちに声をかけていることに。5年生だけど説明して指示をしてあげれば、てっちゃんはできることに気がつきました。

「とは言っても、てっちゃんは愛着障がい★がきついので、誰にどのように声をかけられるかによっても、話が入りやすかったり難しかったりするので、先生だけでがんばらないでくださいね。学校内のチームで関わって、あと、きょうから学校だけでなくこのトワイライトステイもいっしょに関わっていきましょう。おとながひとりぼっちで関わっても、ひとりぼっちの子の課題は解消しませんから」

餃子の皮を使ったミニピザ作りは、てっちゃんも大喜び。10枚以上もひとりで食べました。さらに先生たちにも、てっちゃんが考えたオリジナルトッピングのピザをふるまってくれました。いつも給食時間に立ち歩いているてっちゃんですが、きょうは、ほとんど席についていたことにも、担任の先生は気がつきました。

★愛着障がい
養育者との愛着が何らかの理由で形成されず、情緒や対人面に問題が起こる状態。

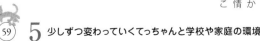

きょうは初日だったので少し早めに終わって、スタッフやボランティアと引率の先生たちで、ふり返りをしました。そのなかで気になったのが、お風呂での話題。施設の大きなお風呂で泳いだりして大満足だったようですが、気になるようすが男性ボランティアから報告されます。

「髪の毛を自分で洗ってたんですが、髪を濡らさずシャンプーをつけて髪にピシピシと1秒ぐらいたたいて、すぐシャワーで流して終了。びっくりしました。肩にかかるぐらいの長髪なのにあれでは…と思って、もう1回こちらで洗ったんですけどね。あの洗い方では頭皮や髪の奥まで洗えてないし、それで髪の臭いもきつかったんですね」

「あと、おしりにすごい擦れた傷があって痛そうでした。どうしたのか聞いても家で転んだとしか答えてくれませんでしたので、それ以上は聞かなかったです」

「それはちょっと気になるね。だいたいどんな感じか、イラストで描いておいてくれる？　明日、家庭児童相談室の担当ワーカーに伝えておくから」と女性スタッフ。

「学校は子どものことをいちばんわかっているし、がんばらないといけないと思っていたけど思い上がりだったのですかね」

トワイライトステイの帰りに教育相談の先生が、ＳＳＷに話しかけました。

「学校で見えることと地域で生活を支援して見えることがそれぞれ違うので、どちらも大事ですし、こうやって学校と地域の両方の視点でてっちゃんを見守り、支えていくことが必要だと思いますよ。それに、学校がつないでくれなかったら、てっちゃんがトワイライトステイに来ることは、まずなかったわけですよね。今回、派遣要請してくれた、校長先生にまず感謝です」

もちろん、これでてっちゃんの学校生活が大きく変わるものではありません。でも、小さな光が見えたことで、学校の先生たちも、明日からちょっと前向きにてっちゃんに関わろうとしていくはず。負のスパイラルで沈み込んでいた流れが、少しずつ逆回転し始めたある夜の出来事でした。

スクールソーシャルワーカーの子どもの貧困特別派遣

滋賀県の夜の居場所については、このてっちゃんのケースのように学校と夜の居場所をつなぐときにスクールソーシャルワーカーが活躍しています。現在、県内では約

30名の子どもたちがトワイライトステイや福祉施設を使ったフリースペースで地域の人たちと夜を過ごしていますが、ほとんどの子どもたちがスクールソーシャルワーカーの子どもの貧困特別派遣などを利用してつながり、つながった後も学校や福祉と連携がとれています。スクールソーシャルワーカーの活用方法は各自治体によってまちまちのため、すべての自治体で同じようなしくみができるとは限りませんが、要保護児童対策地域協議会だけではネットワークでの見守り支援だけに陥りやすい状況が、週に1回、トワイライトステイで安否確認をし、愛情を補充できる場所が地域にできたことで、子どもにとって、そして、直接支援をすべて任されていた学校にとっても、ホッとできる場所となっています。

子どもの貧困対策で「学校をプラットフォームにした支援」とよく言われますが、このスクールソーシャルワーカーの子どもの貧困特別派遣は、学校をプラットフォームにした支援の具体的な姿のひとつであると考えられます。しかし、すべての自治体が同じ体制をとれるわけではないことを考えると、学校、スクールソーシャルワーカーだけに頼る形ではないモデルも必要です。

そこで、新たに中学校区を単位にした「子どもソーシャルワークセンター」が必要と感じ、センターのモデル事業化が始まりました。

図●スクールソーシャルワーカーを活用したまちのソーシャルワークイメージ

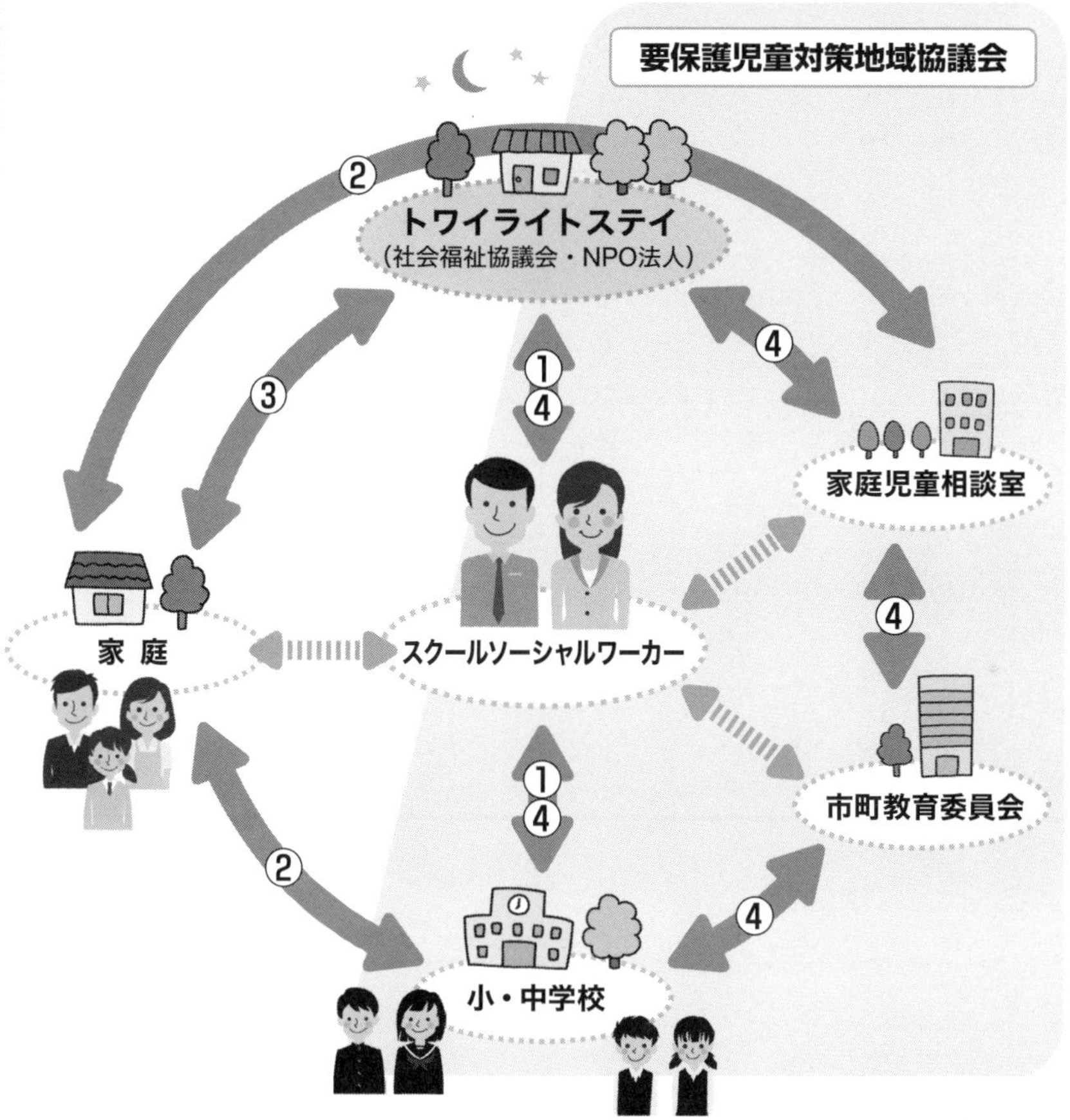

日常からのつながり

必要に応じてのつながり

① ケース受け入れのための情報提供・調整
② トワイライトステイについて情報提供
③ 学校、または福祉行政の職員が同行して見学・体験→ 利用契約
（利用契約時に保護者から関係機関との情報共有について了解をとる）
④ トワイライトステイ利用後の情報共有

CHAPTER 6

中学校区ごとに必要な子どもソーシャルワークセンター

２０１２年、子どもソーシャルワークセンター★の母体となる子ども家庭福祉に特化した独立型社会福祉士事務所を京都の山科に立ち上げました。２０１０年から始まったＮＰＯ法人山科醍醐こどものひろばの子どもの貧困対策事業は、地域の市民がつくる取り組みとして成果をあげながらも、どうしても「守秘義務」と「専門家（専門機関）によるネットワーク」の壁を越えられなかったため、専門家による関係機関と市民ボランティアによる地域の活動のあいだをつなぐ専門機関が地域に必要だったからです。そのために使えそうなしくみが、「独立型社会福祉士事務所」でした。

社会福祉士が地域に立ち上げている個人事務所（なかには法人形態もあります）は、現在、全国に約４００か所ほどありますが、その多くは成年後見制度の関係から高齢者

★子どもソーシャルワークセンター
子ども・若者、その家族を支援するために、まちをフィールドにソーシャルワークを展開するワンストップ型で包摂的な地域の拠点。相談だけでなく居場所機能ももつ。現在、制度化はされていないが、さまざまな子ども分野で、これから地域に必要といわれている。

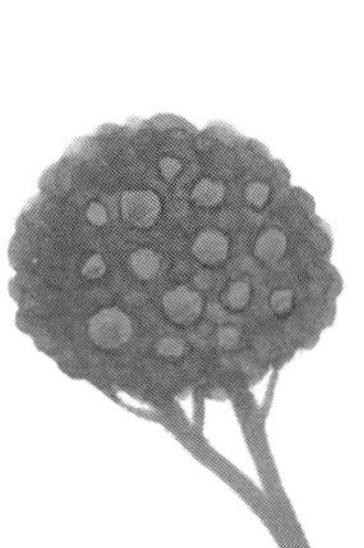

や障がい者を支援対象としています。このようななかで、全国でもめずらしい子ども家庭福祉に特化した独立型社会福祉士事務所を立ち上げました。

また、独立型社会福祉士事務所以外にも、子ども家庭福祉の制度として「児童家庭支援センター」(地域によっては、子ども家庭支援センター)もありますが、児童福祉施設に併設しなければ運営が難しいこともあり、全国にまだ100か所もありませんし、このセンターは、子ども家庭福祉の制度内での支援に追われている現状があります。

さて、京都市の山科地域に誕生した社会福祉士事務所は守秘義務をもち関係機関とのケース連携が容易になったことで地域の民間団体(山科醍醐こどものひろばや山科青少年活動センターなど)と連携しながら、ある程度の成果を出しましたが、その名称のわかりにくさから、全国的に広げる流れをつくることはできませんでした。その社会福祉士事務所の広がりの鈍さとは逆に、地域住民による「子ども食堂」「子どもの居場所」「子どもの学習支援」は、全国に爆発的に増えていきました。

ここ数年は事務所ではケースの具体的な動きはもとより、子どもの貧困対策の活動を地域で立ち上げたいという相談、また、立ち上げたけど貧困を抱える子どもや家庭にどう関わればよいかわからない——運営の困りごとなどの相談に多く対応しなければならない状況となってきました。このようなニーズから、利用する子どもや家庭、それを支える地域の団体が歩いて来られる範囲(つまり、中学校区)に相談できるセンターが全国的に必要であると感じるなかで、今のわかりにくい「社会福祉士事務所」ではなく、全国に広げていける名称として「こどもソーシャルワークセンター」と改名、法人化し、高齢者の地域包括支援センターのように全国どこでもあたりまえにあるようにしていきたいと考えています。

２０１６年4月、大津への移転を機会に「こどもソーシャルワークセンター」がスタートしました。そして、1年間の行政とのケース連携の実績をもとに、２０１７年度には大津市の子ども家庭相談室と協働事業の提案を市に行い（大津市協働提案制度を活用）、来年度の協働事業実施に向けて、現在、準備が進められています。山科醍醐こどものひろばの取り組みが全国に波及していったように、この大津市で始まった「こどもソーシャルワークセンター」も全国に広げていけるのではと考えています。

第1部では、２０１０年に山科醍醐こどものひろばで点として始まった子どもの貧困対策事業をベースに、別の自治体（滋賀県や大津市）において、線から面へと全国各地に広げるための新たなしかけづくりへと進んできたことを紹介しました。

続いて第2部では、山科醍醐こどものひろばで、どのように子どもの貧困対策が、ステージを上げていったのか、説明していきます。

第2部

子どもたちと育ちあえるまちづくり

山科醍醐《やましなだいご》こどものひろばの子どもの貧困対策の実践が、どのように地域で深まり浸透し、子どもとともに活動をつくってきたか、ご紹介します。
さらに、その活動を生かした啓発やしくみづくりへのアクションについてもお伝えしていきます。

特定非営利活動法人
山科醍醐こどものひろば理事長　**村井琢哉**

CHAPTER 7

山科醍醐こどものひろばの子どもの貧困対策

前作『子どもたちとつくる貧困とひとりぼっちのないまち』を刊行して早くも4年半が経ちました。あとがきを書いたのは、2013年6月19日、参議院本会議で「子どもの貧困対策の推進に関する法律」が可決されるのを見届けてからでした。その後、「子供の貧困対策に関する大綱」の決定や、「子供の未来応援国民運動」、各都道府県における子どもの貧困対策計画の策定、「すべての子どもの安心と希望の実現プロジェクト」などの動きも出てきました。

このような動きもあり、全国各地では、低所得世帯の子どもへの「学習支援(原則無料)」や「食事支援・子ども食堂(無料、もしくは低額)」の取り組みが増えてきていますし、それら実践をつなぐ全国規模のネットワークや、ある程度エリアをしぼった小

規模のものも生まれ、これまで点であった活動が徐々に面になろうとしています。政策についてもインターネット署名活動などへの呼びかけもさかんになり、児童扶養手当の増額、給付型奨学金などの実現に向けて市民の声を集める取り組みも生まれてきました。

そして、子どもの貧困に関する本も数多く出版されていますし、研究・調査も増えてきました。この状況で、各実践が今後向き合うことになる課題解決のヒントとなればと、この4年半の事業展開から、あらためて今後の展望を紹介していきたいと思います。

子どもの貧困対策の全体像

第1部では、民間団体の住民・市民主体の活動の壁として、専門性や連携、守秘義務についての課題も多く語られてきました。山科醍醐こどものひろばでの実践も、その当時直面した課題が、現在、すべてなくなったわけではありません。しかし、あくまでそれら課題は、団体の特性や、役目の違いによって生ずることであり、この4年半のあいだの実践のなかで、克服することはできたと思います。

子どもの貧困対策事業を始めた最初の3年間は、食事支援、学習支援を中心とした

図1●子どもの貧困対策の流れ

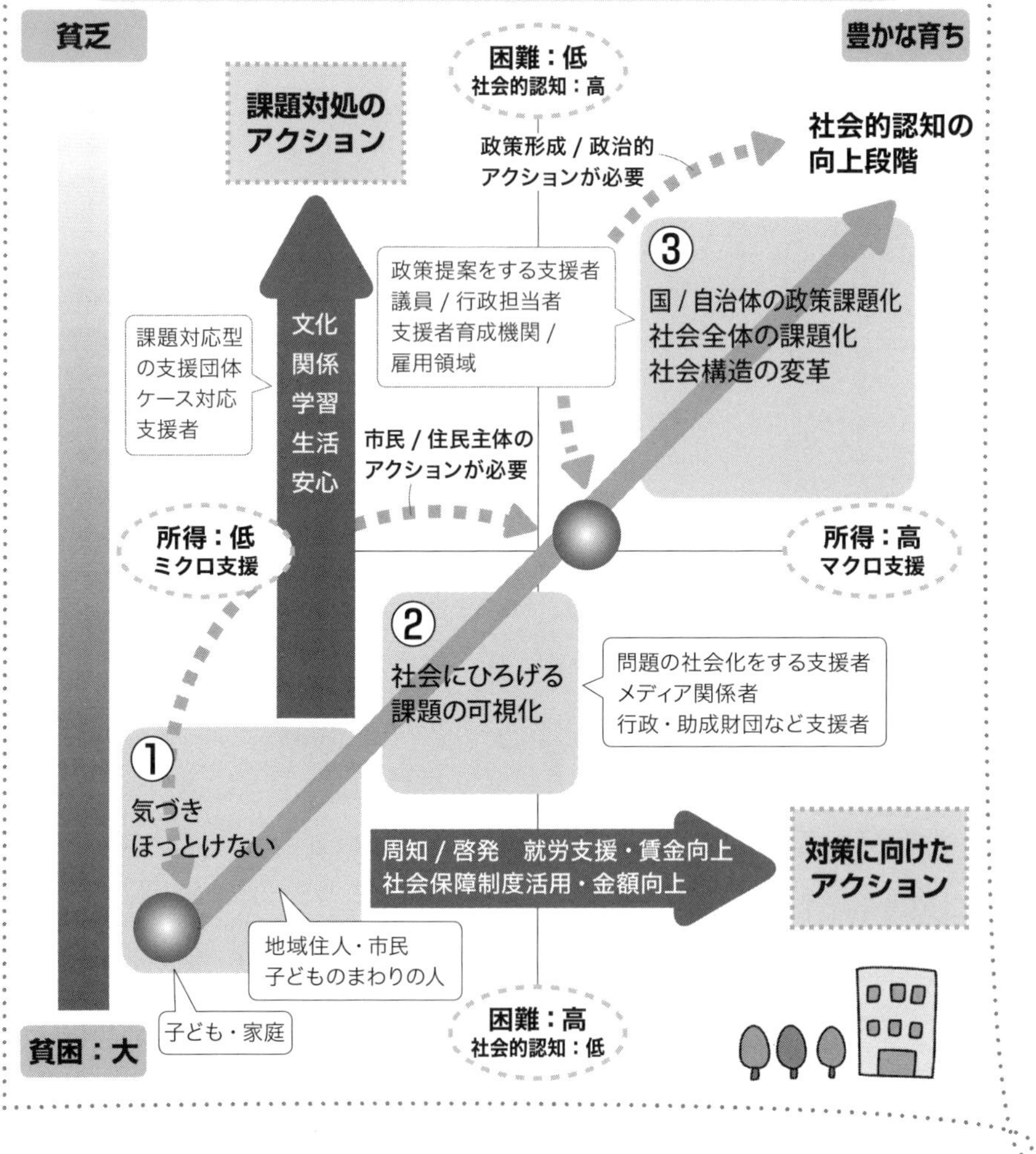

貧乏
豊かな育ち
困難：低
社会的認知：高
課題対処のアクション
政策形成 / 政治的アクションが必要
社会的認知の向上段階
政策提案をする支援者
議員 / 行政担当者
支援者育成機関 /
雇用領域
③
国 / 自治体の政策課題化
社会全体の課題化
社会構造の変革
課題対応型の支援団体
ケース対応支援者
文化
関係
学習
生活
安心
市民 / 住民主体のアクションが必要
所得：低
ミクロ支援
所得：高
マクロ支援
②
社会にひろげる課題の可視化
問題の社会化をする支援者
メディア関係者
行政・助成財団など支援者
①
気づき
ほっとけない
周知 / 啓発　就労支援・賃金向上
社会保障制度活用・金額向上
対策に向けたアクション
地域住人・市民
子どものまわりの人
子ども・家庭
困難：高
社会的認知：低
貧困：大

目の前の対処中心で、対症療法のような状況でした。目に見える傷口に絆創膏《ばんそうこう》を貼るような活動を出会った子どもたち一人ひとりに行うイメージです。前作にも記しましたが、このような絆創膏的な「いいこと」を続けるだけでは子どもの貧困はなくなりません。そこからさらに「傷つく」原因そのものをなくしていくために、地域や社会が変わっていくための動きもつくっていく必要があります。

図1にあるように、子どもから始まり、「今の困りごと」に対処していくことと、困りごとを生み出す地域や社会の制度やしくみ、考え方を変えていく働きかけを同時にしていくことではじめて対策となります。ここからはまず、複雑で多様な子どもの状況に、どのように地域のなかで対応していったのかを説明していきたいと思います。

福祉事務所と連携した学習・生活支援

山科区では、京都市ユースサービス協会が運営する山科青少年活動センターとの連携による中学3年生への学習支援が行われてきましたが、当時は青少年活動センターがある場所を拠点に事業が行われていたので、京都市内のなかではこの学習支援の空白地ができていました。醍醐地域もそのひとつでした。このような学習支援を必要としている子どもは人数に差はあれどどの地域にもいます。しかし中学生とはいえ、放課後に日常の生活圏を越えて学習会に参加できるかと言えば難しいです。どのように活動を届けていこうか思っていた矢先に、醍醐地域の福祉事務所から地域で子どもへの支援をできないかという要請がありました。そこでこれまでの山科地域では青少年活動センターと連携して実践してきた実績もあることから、醍醐地域では、京都市ユースサービス協会と福祉事務所、そして山科醍醐こどものひろばの3者連携によるアクションとして活動を始めることになりました。このとき、福祉事務所の協力によりエリアの担当ケースワーカーのみなさんにこの取り組みの説明や対象となる子どもがいた場合のつなぎ方などを直接説明する機会を設けたことにより、スムーズに子どもを活動につなげることができました。必要に応じケースワーカーが活動に同行するなどのサポートも参加、定着につながっています。

さらに活動を続けることで、児童相談所や小学校との連携も増えてきました。児童相談所からは、一時保護や児童養護施設などへの措置を行うより、地域で関わりをもち子どもが学校に通い続けられる状況を維持したほうがよいのではと考えられる場合に、その関わり手としての協力依頼があります。地域のＮＰＯであり多くのボランティアに支えられてはいるものの、あくまで専門家集団として専門支援をしているわけではないため、その関わりについては児童相談所とていねいに意見交換を重ねたうえでとなります。また、小学校からも気になる子どもの放課後のサポートについて相談が寄せられます。放課後のことですので、学校としては子どもや家庭に強制できるものではありません。最終的には子どもと家庭の判断ということにはなりますが、活動の情報提供を行っていただきつなげてもらいます。

福祉事務所や児童相談所、そして学校と、それぞれから相談や受け入れの打診となりますが、当然それぞれが同じ子どもの相談をしてくることもあります。その家庭と各部署との接点がそれぞれ違うから起きる現象ではありますが、その際にはそれぞれにスタッフが相談し、どのように子どもと家庭を支えることができるかを協議させていただくこともあります。場合によっては、祖父母世帯も含めた世代を超えた視点とアプローチも必要となります。

小学校・中学校との連携によるさまざまなチャレンジ

実際、前述したような支援連携が充実していくと、近隣校からの連携相談も増えます。結果としては、現在複数の学校から子どもの個別受け入れをし、日常生活の支援や放課後サポートを行っています。実施までには、校長との問題共有、地域と学校との意見交換、現場教員の思いの確認を重ねました。そしてはじめて1か所、1回目と始まり、それが徐々に広がっていったことになります。

一方で、貧困だけでなく、さまざまな「困りごと」への解決を必要としていたり、「ささやかな伴走や後押し」が必要な子どもは数多くいます。本来は、貧困と絞り込むのではなく、すべての子どもを丸ごと応援していけるような取り組みが求められていきます。そこで中学校のなかでの放課後学習支援と小学校での放課後「あそび」支援にも取り組んでいます。さらに小学校の自然体験活動や土曜授業などへのスタッフ派遣なども行い、非日常活動、特別な行事の応援も行っています。結果としては、このような活動で子どもと関係ができてからのほうが、個別の困難への対応や活動につなぐことがスムーズとなっているため、「どう子どもと出会うか」「どうつながるか」といった「子どもとの関係づくり」を意識しておくことが重要と考えています。

このように、これまで各連携を行い、学校との関係ができてきたからこそ実施ができたのが、子どもたちの声を少しでも「直接」聞くためのチャレンジでした。2017年夏に、山科・醍醐地域内の小学5・6年生対象に、子どもに直接回答してもらう任意のアンケートを実施しました。事情もあり、今回アンケートをとることができなかった学校が一部ありますが、全数の38%にあたる子どもに回答してもらうことができました。アンケートを実施できたこと自体が、これまでの連携の成果でもありますが、実際に山科・醍醐地域の子どもの状況、特に自己肯定感やリスクについて直接回答を得られたことは、今後の活動にとって大きな意味があると思います。

そして、任意で匿名のアンケートにもかかわらず、明らかにリスクを抱えている子どもが見えてきたことはもちろんですが、学区ごとで少数でも子どものＳＯＳが見えることで、各学校に新しく何かできないかと提案できる大きなきっかけにもなると考えています。回収率が学区ごとに差が大きいことや質問項目をかなり限定的、抽象化しているものもあり、研究的側面としては課題も多いものですが、総数から見て多い、少ない、効果がある、有意だということ以上に、どの学区にも「困っている子がいる」ことを確認できたことが現場、実践としては重要な成果と考えています。今後さらに分析を進めていくのですが、その内容をもとに、各学校とこれから必要なこと、できることを子どもの声をもとにつくりあげていきたいと思います。

おとなが地域の子どもと出会い直す

直接実施する事業や連携事業によって、多くの活動を生み出す土壌ができてきました。子どもたちに近いそれぞれの学区、地域で実践をすることによって、その学区、地域に縁のある人が関わるようになっていきます。ふだんから地域の子どもの活動をされている方であれば、小学生くらいまでは子ども会活動や地域の見守り活動などで関わることも多いのですが、中学生になるとその接点は少なくなります。

また、地域の活動に関わることが少なかった方からすると、祭りや運動会といった非日常的な場面でしか子どもの姿を見ることがなく、同じ地域で暮らす子どもの実態を知る人は多くはありません。活動がより地域の中に入っていき、これまでの地域活動とは違いＮＰＯがそれぞれの世代や役割を打ち出し関われる裾野を広げていくことで、活動へのおとなたちの参加の機会をつくることができ、あらためて地域の子どもとおとなが出会い直すという現象も生まれています。そのような関係が先にできることで、子どもがおとなへ相談をすることも増え、ただ関わるだけでは見えてこなかった子どもの背景にある貧困や悩みにふれることができます。

「あたりまえ」が欠けている「見えにくい」貧困

子どもの貧困を議論する際に、どうしても「貧困」という言葉に引きずられ、どの時代においても誰が見ても困難な暮らしといえる「絶対的貧困」と、今の日本社会においてみんながあたりまえにできていることが「できない」「欠けている」状況を表す「相対的貧困」が混ざることで、問題意識を共有できないことがあります。また、虐待やいじめ、暴力もわかりやすい物理的な攻撃と傷があれば認識されますが、心理的な攻撃や排除は理解されにくい現状があります。従来の貧困のとらえ方とのギャップ、それぞれの人が考える貧困のとらえ方のギャップが埋まらず理解の輪がうまく広がっていません。

また、報道などでは、当初、今の日本でもこれだけ深刻な貧困状態の子どもがいるというものが多く、相対的貧困状態の子どものようすが放送されると当事者である子ども・若者が批判されるといったことも起きています。もちろん、今の日本においても命の危険がある状態の貧困も存在しています。そこは早急な手当がなされるべきです。あわせて今議論される相対的貧困という見えにくさを早々に乗り越えていかなければいけない状況でもあると感じています。

なぜ、見えにくさが生まれてしまうのか。みなさんの日常生活の一つひとつの営みを思い出していただければわかるように、人の日常生活は数多くの小さな営みを重ねることでできあがっています。思い出そうとしなければ思い出せないくらい、ふだん「あたりまえ」に「無意識」に行っていることであり、まず失敗しないような営みです。歯みがき・入浴・食事・着替え・洗濯など、大きくあげてもさまざまあります。このような営みにも、それぞれ手順が存在します。ぜひ、細かく一つひとつの営みを分解してみてほしいのですが、多くの方はこれらの営みが完全にできるようになるまで子ども時代に家族に見守ってもらいながら、身に付けたと思います。何度も怒られたりやり直しをさせられたり、補助してもらったりという経験はないでしょうか。相対的貧困の状態にあることで、この細かな営みの一つひとつの場面で、お金がないことでの諦めや不足を毎日積み重ねていきます。また、経験という面でも、「日々生活のために働いていて時間がない」「病気」等で子どもと関わることが十分にできないことで完全に身に付かないままになっている、営みの手順が欠けることで小さな困りごとや違和感・不快感・劣等感・羞恥心・ストレスといったネガティブな状態や感情が毎日蓄積していきます。

絶対的貧困と相対的貧困の深刻度は段階的であり、それぞれの子ども、家庭により異なりますので、ひとくくりに議論をすることは危険でもありますが、相対的貧困の場合、ひとつの困りごとだけをとってみると、「なんとかなる」「それくらいがまんできる」「ごまかそう」と、まわりも本人も思ってしまうことが多いです。

しかし、これが毎日毎日、何年も続くなかで、耐えられない事態を引き起こすことにもなります。たとえば、花粉症のように花粉を吸い続けることでいつの間にか発症してしまうという感じです。その際、最初に吸った花粉が何かみなさんわかるでしょうか。きっとわからないと思いますが、今の貧困を見たときに、何に困っているか、何が原因だったかを探ろうとしても、本人が何から困り出したかがわからず、何に困っているかも気づかず、SOSも出しません。気づいたときには困難が吹き出すといった状態になります。そして、花粉症のように、花粉症になった人はそのしんどさを理解できますが、そうではない人にはなかなかそのしんどさを理解できないのだと思います。さらに深刻な場合は、低温やけどのように気がついたら深刻化、重症化しているということもあります。

細かな手順はひとつの場面では見抜けないのが現在の貧困です。だからこそ違和感に敏感であり、またその違和感を勝手な価値観で評価（大丈夫、なんとかなる、子ども本人以外が決める等）しないでとらえていくことが大切になります。

全小学校区で子どもと出会うしくみづくりへ

山科醍醐こどものひろば全体のこれからの事業展開としても、子どもの貧困対策だけでなく、活動を見直す時期ではないかと、役員会などでも議論をしています。これまでは直接、観劇やキャンプなどの活動を主催し、子どもに呼びかけ参加を募ることが主な展開でした。それから、子どもがいるところに活動を届け直す展開への移行です。「まちに子どもとともに誰もが育ち合える人があふれるように」「活動での人間浴★から、地域のすみずみまで人間浴ができる環境に」として、地域のどこにいても、活動に参加している・していないを問わずに、安心と豊かな育ちの環境を子どもたちもいっしょに創り上げていくこと目指します。

★人間浴
多様な人間との出会い、人と人との交流を通じて、多くの関係・コミュニケーションを浴びるという意味合いで団体内で用いる造語。

その目指す形のひとつに、「全小学校区で子どもと出会うしくみづくり」という目標も掲げました。子どもが日常的に行動できる範囲での実践です。全学区での普遍的な実践を根付かせていくことを目指します。そして、それができるまちにしていきたいと考えています。この移行は新しいアイディアでもなく、山科醍醐こどものひろばが、かつて地域をブロックに割って活動をつくっていたことにもつながっています。

しかし、当時のしくみをそのままというわけではなく、地域の各機関とも連携した、山科醍醐こどものひろばだけの活動ではない、まちの活動として子どもに届くことを目指しています。すでに醍醐地域では行政、社会福祉協議会、民生児童委員会、地域の事業所などとも連携が進んでいます。

このような動きから、２０１７年６月には地域のすべての子どもの健全な成長と学びを支えるために、地域（学区）で主体的に取り組まれる「子どもの居場所」の安定的な運営を支えるしくみとして「子ども遊び学び食堂・醍醐ネット」が創設されました（**図2**）。また、山科区では、行政と民間団体などで定期的に「山科子ども・若者未来トーク」という子どもの育ちの環境を考えることから、あらためて、まちの未来を考えた動きが活発化しています。そして、特別な実践というよりは、そのまちにあり続ける実践として、それぞれの時代とそのときの地域・社会に暮らす子どもとそのとき求められる活動をともにつくっていきたいと思います。

図2●「子ども遊び学び食堂・醍醐ネット」のイメージと役割

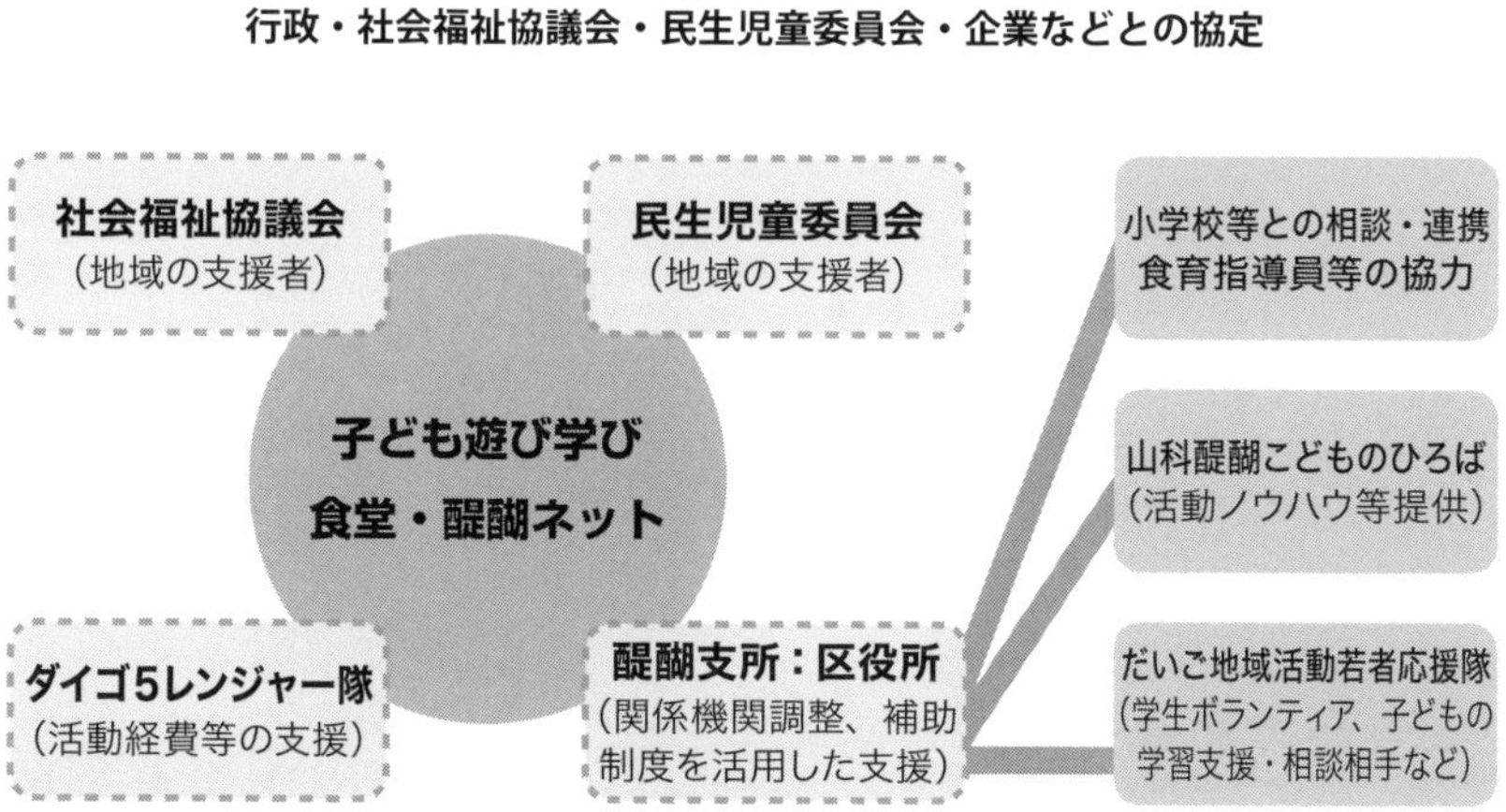

滋賀・大津の実践との共通点と相違点

最後に、第1部での滋賀・大津での実践との比較について押さえておきたいと思います。

前述したように、山科の実践では地域の関係機関の連携によって、地域内に多くの活動をつくるネットワークなどが構築されました。大津での実践においても、社会福祉協議会、学校との連携により新たな直接支援ができる場が生み出された点が第1の共通点といえます。第2の共通点としては、子どもの状況をふまえて必要な活動を新しく生み出している点です。そして第3の共通点は、それぞれの主たる拠点では、パーソナルな1対1や少人数の活動で子どもの困難に向き合う活動づくりをしている一方で、他機関連携において、多くの子どもたちが集団で過ごすことができる場も生み出していることです。子どもの状況、時期、資源や関係団体の思いなどをより生かせる活動を柔軟に生み出すことができています。

次に相違点としては、滋賀・大津の実践は、社会福祉協議会、スクールソーシャルワーカーを軸とした専門家が中心に連携をはかり事業体制、活動体制を構築しています。専門職の顔が見えるということです。一方で「ひろば」の実践では関わる人が多いこと、地域の多様な団体、機関にこれまでの長い歴史のなかでつながってきた住民、市民がいることによって、山科醍醐こどものひろばという団体でひとつのソーシャルワーカーの機能を果たしている点です。すでに地域などとの関係性が深く、広いからこそ誰かが高い専門性を発揮するのではなく、得意を合わせながら、ひとつの実践を行っていくイメージです。またもうひとつの相違点では、対象エリア★がありまず。滋賀県全体での実践を促進する働きかけと、大津市内を中心とした直接支援という実践を子どもソーシャルワークとして行っている点です。より広く実践を広げていくことと、中学校区でのより濃い活動づくり、体制づくりが専門職や民間福祉機関との連携で行われています。

一方の「ひろば」での実践は、「山科・醍醐」と地域をしぼっているため、子どもとの関わりの実践はあくまでその範囲であり、その分、地域のすみずみまで活動を地域の多様な連携で届けていくことが中心となります。そして、直接支援の際の単位としては小学校区となります。これは滋賀、京都の人口規模や資源の違いや、学区の自治などの状況にもよるところがあります。あわせて直接支援を地域外に広げない分、政策提言や、講演などで「ひろば」実践を広げ、他地域の方々が実践できるようにノウハウを広げることに取り組んでいます(**図3**)。

ここからは、政策提言などにつながる部分について紹介していきたいと思います。

★必ずしもこの小・中学校区規模でということではなく、それぞれのまちにあった子どもが自分で通える範囲の規模で、多様な活動がつくれる範囲で実践することが大切です。拠点に限らず、訪問支援などということも考えられます。

図 3●NPO 機能・マネジメントサイクル

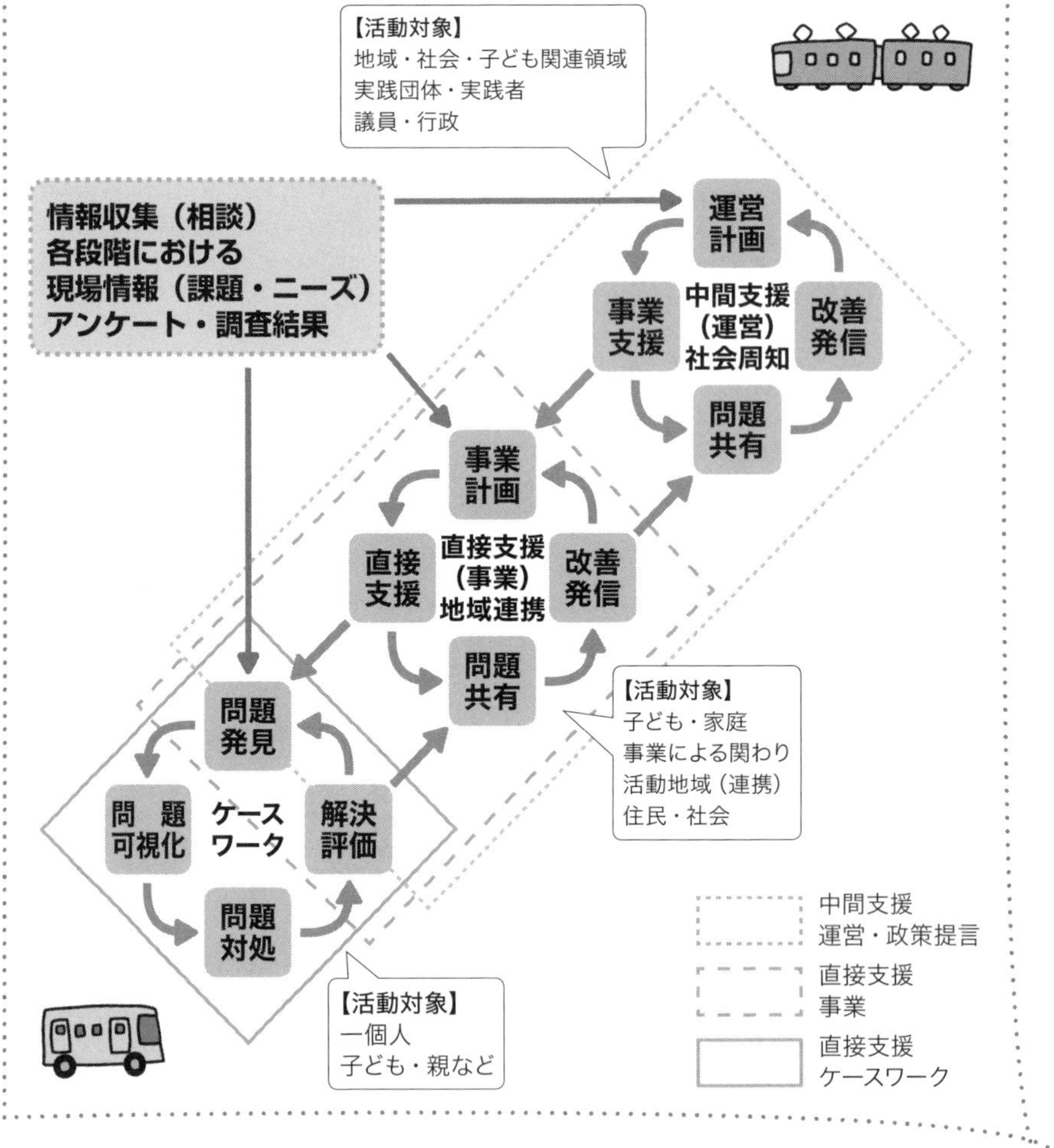

CHAPTER 8

環境を変える取り組み 子どもの声を政策・施策に

京都府子どもの貧困対策計画策定

２０１４年７月に最新（当時）の子どもの貧困率が発表され、さらに深刻な状況もあきらかになりました。この状況を受け、関西で子どもの貧困対策に取り組む民間団体では、緊急アクション関西「子どもの貧困対策大綱できてんて？　ほんで、どうすんねん？」を企画しました。イベントは「子供の貧困対策に関する大綱」が閣議決定された翌日であり、各都道府県の計画はもちろん、この先市民としてどのようなアクションを起こしていかないといけないのか意見を交わしました。このように地域における

子どもの貧困対策への機運は徐々に高まっていったともいえます。

さらに２０１４年９月に京都府議会において、子どもの貧困対策ついて代表質問が行われました。その質問に対し京都府山田啓二知事は、その当時京都府ですでに取り組まれていることとあわせ、今後実施を検討している各施策について説明しました。その応答の最後には、年度内に「貧困対策に係る計画」の策定を明言しました。２０１４年10月には、ＳＴＯＰ！子どもの貧困ユースミーティング実行委員会とあしなが育英会が主催した「ＳＴＯＰ！子どもの貧困　京都ユースミーティング」においても、山田知事は当事者の学生の声に耳を傾けた後、挨拶のなかで子どもの貧困対策計画を策定することを約束しました。その月末には京都府子どもの貧困対策検討会が構成され、２０１４年10月23日から年内４回の策定委員会、１月にパブリックコメント、２月に最終計画案の議論をし、３月に「京都府子どもの貧困対策推進計画〜すべての子どもが将来の夢を実現できる社会を目指す〜」が策定されました。

検討会には、元当事者でもある大学生や、私立の校長会会長も参画し、当事者として行政計画について気になる言いまわしなどにも意見を求め、各委員が受けとめ、可能な範囲で反映されました。計画の内容としては、全国に先駆けて策定したことを考えると十分とはまだまだ言えませんが、可能なアクションと思いの部分を汲《く》んでいただいたことは、今後の計画の見直しにも期待できる挑戦であったと考えています。

実際に大学生が委員になることは非常に異例な判断でもありました。筆者も委員でしたが、他の委員も大学生に内容、表現など当事者にとってどう思うか、感じるか、率直な意見を求めながら計画がつくられていきました。内容以上に、その策定過程においても「子どもの声」に耳を傾けるそのことがより重要となります。

検討会は、策定以降は計画実施のチェック機関ともなり、２０１５年度以降は検討委員の有識者による実態調査に向けた会議が中心に開催され、次の施策を検討するための基盤整備が進められています。

公益財団法人「あすのば」の設立

京都府の対策計画が策定されるなど、各都道府県でも動きが出てきた２０１５年度ですが、実際に、現あすのば代表の小河光治とこれまでユースミーティングなどでごいっしょしてきた方々と意見を交えながら、新しい団体をつくることになりました。こうしてできたのが「あすのば」です。子どもの貧困対策法成立から満2年を迎えた6月19日に、さらに子どもの貧困対策が進んでいくようにと誕生しました。団体名の「あすのば」の由来は、「明日の場」であるとともに「ＵＳ（私たち）」と「ＮＯＶＡ（新しい・新星）」という意味もあります。子どもたちが「ひとりぼっちじゃない」と感じてほしいという「私たち」といっしょだよという願い。そして、多くの人に子どもの貧困問題が他人ごとではなく自分ごとに感じてほしいという「私たち」でもあります。みんながつどう「場」であってほしいですし、すべての子どもたちが明日に希望をもって、輝く新星のような人生を送ってほしいという願いも込めています。★

事業としては、三つの柱で活動しています。

① 調査・研究に基づいた政策提言

② 活動の持続・発展のため支援団体への中間支援

③ 自立に向け、物心両面での子どもたちへの直接支援

また、子ども委員会というしくみも創設しました。子どもたち自身は多くのことを知っています。自分の言葉で言語化できない子どももいますが、子どもたちの思いや声を大切にしないといけないと思い、委員会を組織しています。年に2回程度集まり、直接思いを交わす場を設けています。さらに、あすのばの理事の半分が学生でもあり、これまでも当事者であった学生もいれば、ふだん子どもに関わる活動をしている学生も就任しています。しくみとしては、まだまだ不十分なことが多いのですが、それでも、社会をよりよくし子どもの貧困をなくす提案として、直接聞いた声を代弁していくことに取り組んでいます。

★あすのば
ホームページ
http://www.usnova.org/

あわせて、事業として、入学・新生活を迎える子どもに給付金を届けており、この子どもや家庭からも、給付金申請時やその後のアンケートとヒアリングから声をあげていただいています。★ 実際あがった声として、少額であっても各手当が途切れ支払いなどが生じる年度末までの給付の必要や、その資金使徒の自由さ、立場を進学に限らないことなど、利用者の困りごとや給付金に必要な機能がわかり、また多くの論点が見えてきました。ここからさらに議論を深め、より効果的な政策を検討していきます。

子どもの貧困がなくなる社会をつくるための組織ではありますが、まだまだ小さい団体ですので、中間支援を通じて各実践団体とつながり、直接支援を通して子どもの声を聴き、それらの力を合わせて社会全体に働きかけていくことを意識しながら実践しています。できていないこと、失敗、まちがいも多いですが、みんなで育てていきながら、よき子どもの代弁的提言を行える組織でありたいと思います。

子供の未来応援国民運動と各地のアクションへの関わり

子どもの貧困対策を国全体として取り組んでいくという運動として、２０１５年４月に「子供の未来応援国民運動」が始まりました。筆者は、本運動の発起人という立場でもあります。これは、これまで山科醍醐こどものひろばで行ってきた子どもの貧

★２０１５年度に入学・新生活応援給付金を届けた１９８人(子ども本人と保護者・施設長など)を対象に「入学・新生活応援給付金」アンケートを実施(回答１３４人：回収率67・7％)。その後、聴き取り(アンケート回答者のうち、子ども12人と保護者・施設長など13人に直接お会いして、給付金の感想や生活状況などについて聴き取りを行いました。

詳細は、「入学・新生活応援給付金」聴き取り報告書(２０１７年)を参照。

http://www.usnova.org/notice/316

困対策事業があってのことです。この運動を通して、子どもの貧困対策の機運を高めていくことを目指していますが、そのこともあり、各地での実践への支援なども生まれ、活動が活発化し始めています。

制度面を見ると、現在の社会保障制度としては、少子高齢化という人口バランス、医療費の増大、現役世代の低賃金労働・非正規雇用など、現状の変化に対応できず、機能不全に陥っています。また、現実に充実した生活を維持することに必要な家計支出を見たときに、それに届かない世帯も多いため税収も思うように増えていません。政治的、思想的には、読者のみなさんもそれぞれ立場や考えがあると思いますが、税収を増やして再分配の機能を高めるための増税や経済対策は、待ったなしの状況でもあるかもしれません。貧困対策が大きく、「貧」に対してのものと、「困」に対してのものであるならば、「貧」は国民の議論もふまえ政治的に社会保障制度を充実していくのが望ましいとは思います。一方でその制度改正・充実を待てずに、今を生きることが困難な子どももいるなかで、その「困」への対応も不可欠です。私たちの活動の担い手は、その「困」を抱えた子どもと出会うことができるそれぞれの地域の住民・市民しかいません（**図4**）。その点では、各地域の民間がその困難に対応していくことが求められ、地方自治体は、その活動のサポートと、独自の財源による資金支援や生活支出が増えない施策づくりが大切になります。

しかしながら、各地域が同じことをしてもうまくはいきません。各地域、各現場においてその特性や文脈も違うため、地域のこれまでの経緯も押さえながらアクションしていく必要があります。ここでもその経緯を見続けている地域の住民やその地域で暮らす子どもの声は不可欠です。現在、都道府県では対策計画の策定を努力義務とし、そのなかで子どもの貧困対策単独計画もしくは、ほかの子ども・子育て支援などを総合的に取りまとめた総合計画のなかに新たに子どもの貧困対策の項目を設け、対応に動き出しています。

さらに、市町村でもこれまでに比べると積極的な動きが生まれ出しています。それだけ、子どもの貧困問題が社会の関心事になったということだとも感じます。すでに市町村独自でのアクションも出てきており、個別子ども食堂などは市町村直営や補助金を出すような対応も増えてきています。直営や補助金を出すことが貧困対策となるのかという是非はありますが、

図4●所得(貧)軸・困難軸

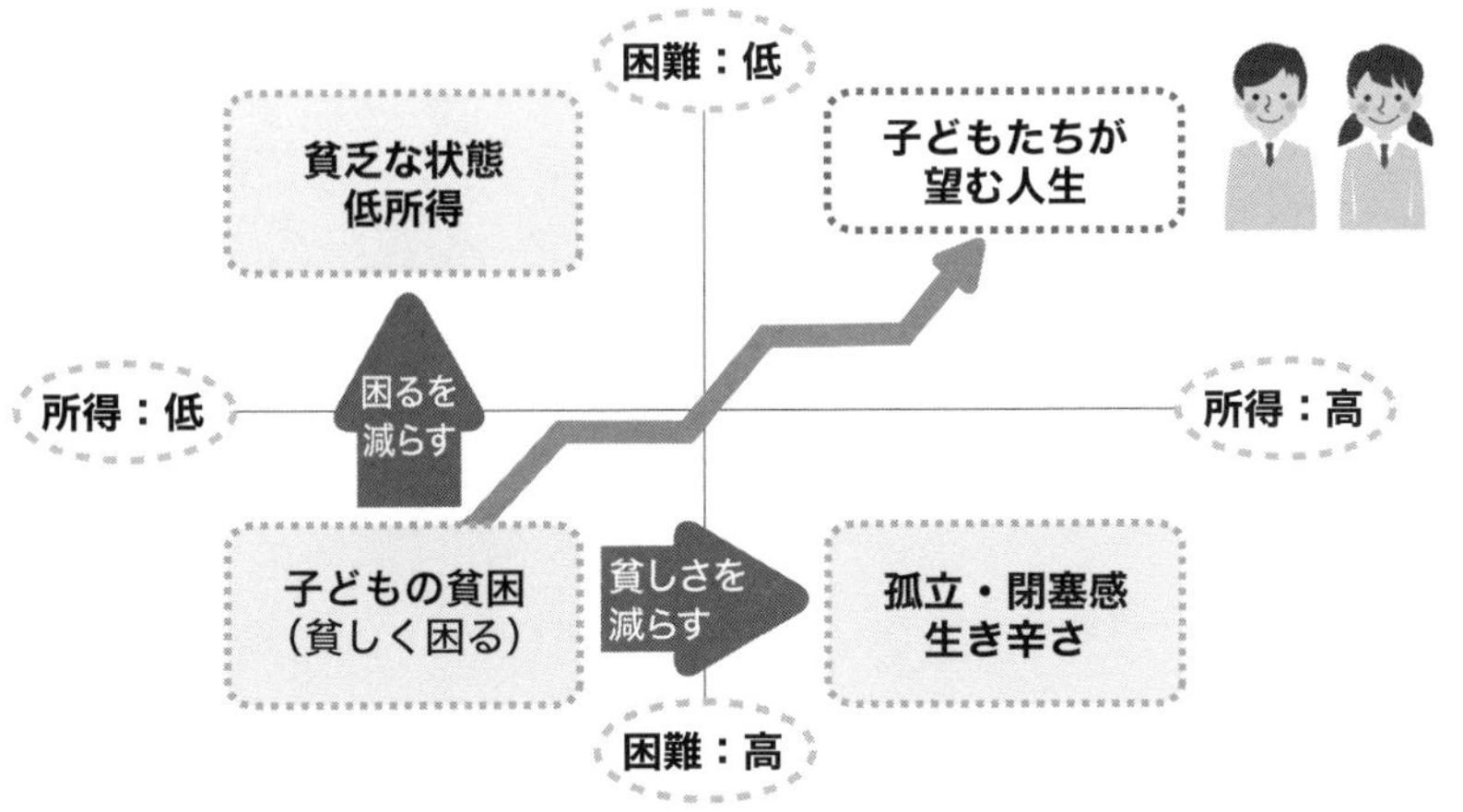

法律上の義務がなくとも、いちばん子どもに近い自治体として動き出した市町村は出てきています。

山科醍醐こどものひろばにも、市長自ら視察に訪れた自治体もあります。相談も多く、市民だけでなく、行政、議会、民間団体の思いが形になってきている状況もあります。

国民運動とは、子どもの貧困対策の機運として問題認識と活動を応援するということだけでなく、そもそもこれからの地域や社会をどうしていくのか、そのためにどういう選択をするのか、それぞれの立場で何ができるのかという議論を行えるよい機会としても展開させることができればと思っています。

誰もが関わることができる機会づくり

これだけ多くの活動が生まれてくると、実際に子どもと出会うおとなの数も増えていきます。先述した「見えにくい貧困問題」にふれることで問題への理解も深まり、一人ひとりの子どもの声を聞くことで、次の手立てや、政策の転換などに動き出せるのだと思います。しかし、誰もがすぐに活動に参加したり創ったりすることができるわけでもなく、政策提言といったことができるわけでもありません。大事なことは、それぞれの立場でできることがあり、それが何かを自分なりに考え行動することです。活動を創ること、ボランティアをすること、資源を分かち合うこと、誰かに子どもの貧困問題について話してみること、など段階はさまざまです。

例えば、山科区にある京都橘大学では学生食堂を運営している京都橘学園生活協同組合が、食堂で提供するメニューの一部を寄付付きとし、その寄付を子どもの貧困対策事業に届けてくれています。地域の大学で学ぶ学生の日常的な食事が、大学がある地域の子どもの貧困対策事業に寄付として届き、その寄付で子どもの食事や学びが支えられるという流れを生み出しています。また、全国で広がる「おてらおやつクラブ」の取り組みでは、仏様へのお供え物のお下がりをお裾分けするという仏縁のなかで食材(主にお菓子)を各寺院からお届けいただいています。お菓子は学習の合間の休憩時や終了時に食べています。さらに、株式会社バリューブックスが取り組むチャリボンのしくみを通じては、各家庭や職場等にある読まなくなった書籍を買い取り、その買い取り価格分を寄付として活動に届けてくれています。5冊以上であれば送料なども無料になるしくみで寄付者にとっても負担なく活動支援に参加することができます。

２０１７年の2月には、ソーシャル・チャリティ・ウェアを専門に制作、販売しているＪＡＭＭＩＮにチャリティウェアを制作していただき、期間限定で販売し、その売り上げの一部を寄付していただきました。このとき購入いただいた方々やその広報に協力くださった方々はこれまでの支援者とは違った世代や分野の方が多く、参加の形を多様にすることで、子どもの貧困問題解決に関わる輪を広げられるのだと実感しています。何よりこのチャリティデザインウェアを制作していただくにあたり、活動のヒアリングをし、それをもとに考えたデザインとコンセプト（コピー）が、実践団体だけでは思いつかないものとなり、それがより波及性を生み出しました。そのときのコピーは、次のものです。

Sharing smile with your neighbor makes the world a better place.
「笑顔を隣人と分かち合えば、世界はもっと良い場所になる」

山科醍醐こどものひろばの想いをデザインに。京都のチャリティ専門ファッションブランド JAMMIN さんのご協力で、チャリティＴシャツ・ウェアの販売を行いました。1週間限定（2017年2月5～12日）で販売し、その売り上げの一部（1点につき700円）が寄付されました。

JAMMINN さんコラボページ

https://jammin.co.jp/charity_list/170206-kodohiro/

このチャリティウェアを着てくださった方が、そのデザインを通じて，友人・知人に山科醍醐こどものひろばの活動について話してくださるという二次的波及も起きています。

また、この4年半のなかでは、地元中小企業が個別奨学金制度を創るということもありました。その他にも、子どもの貧困問題を解決してほしいと、亡くなられた方から相続された財産の一部を遺贈寄付してくださった方もおられます。大切なことは、多くの子どもの貧困問題に関心をもち、子どもの育ちの環境をよりよくしてほしいと、多くのまちの人が関わっている姿があふれ、その思いに子どもたちがふれることです。優秀な専門家や団体代表がひとり駆けまわり、声をあげ、事業をつくったところで、子どもに届く活動には限界があります。また、子どもたちの声、多くの方の声がなければ政策は動いていきません。誰かがということではなく、誰もが自分なりにできる関わりや問題意識を声にしてみることが大きな力になっていきます。

CHAPTER 9

子どもを支える仲間を広げる伝えること・対話すること

各地で増え続ける学習支援・子ども食堂

前述もしましたが、全国各地でのアクションが増えてきています。直接支援では、生活困窮者自立支援事業との関係もあり、学習支援が実施されています。しかし、2014年度までは100％国の補助事業であったものが、2015年度からは2分の1補助という予算になった関係で、実施していない自治体もあります。さいたまユースサポートネットの調査によると、2016年度は425自治体で実施予定となっていました。しかし、この事業では、中学3年生を中心とした進学を意識した支援が多く、卒業後の高校生への支援や小学生などの支援はわずかであり、学校との連携も不十分となっています。

そして、2015年度以降増えたのが、子ども食堂というスタイルの食事支援です。2017年12月現在、全国に★1000以上あるともいえます。これまでのこの分野の活動数から考えると非常に速いスピードで増えています。この現状に対しても多くの意見がありますが、山科・醍醐地域という点で見ると、まずは絆創膏を増やす段階であり、子どもと地域が出会う場の数を増やすということではよいことだと思います。この点もそれぞれの地域事情もふまえた検討が大切です。そして前作からくり返すように、それは「対処」であり「対策」ではなく、ここからどのように踏み出していくのか考えていくことができる機会を各地域でもち続けていくことが大切なのだと思います。

山科区では、前述の通り、2015年度より山科区役所を中心に「子ども・若者未来トーク」という企画のなかで、対策の次の段階を立場を超えて議論をする場がありますし、行政機関も参加していることで、活動で出会った子どもをつなぐ関係も構築でき始めています。さらに、京都府は対策計画の策定委員による委員会での議論も継続しています。

子どもの貧困問題が注目され、ここまで子ども食堂などの活動が広がりを見せるな

★子ども食堂の数
各自治体の調査や公表されている子ども食堂マップ、新聞報道による各県内の子ども食堂数などから、村井が試算。確認できた都道府県で1000件近いため、残りの都道府県の数と公表時の数字から確実に増えていると思われる件数を加味し、1000件以上と推計しています。

か、活動をつくること、始めることが目的になることも増えてきます。しかし、その活動をどのようなものにしていくのかという見通しがなかったり、子ども不在で議論が進んでいくということでは、せっかくの活動もうまくいきません。広がったからこそ、より機能するために何が必要か、ということを、今後、より伝えていくことが必要になっていきます。

広がるインターネット署名

さらに「伝え」て仲間を広げる活動としては、署名活動なども活発になってきています。特に注目を集めたのが、これまでの手書きの署名活動だけでなく、インターネットサービスを活用した署名活動です。全国から賛同者を募ることができるようにもなっていますし、誰もが声をあげることができる時代となりました。あわせて、SNSの普及によっての発信も増えています。これまでは地域の活動だからそのような全国的なアクションはせず、活動さえしておけばという考えもあったかもしれません。しかし、子どもの声を聴くことができる場にいる実践者が少しでも子どもの声を代弁しようとチャレンジし始め、そんなチャレンジをする人が増えていくことで、より多くの市民に子どもの貧困問題とその解決に向けた議論が広がっていきます。

「誰を」「何を解決」にこだわる

子ども支援では、手法が単一では複雑な課題の場合、対応できないことが多いです。だからこそまずは「誰を」応援したくて、その子どもが抱える問題の解決にこだわり、そのうえで手法を考えることが大事になります。活動ができることや続くことより、解決することが子どもにとっていちばん重要なのです。貧困問題は早くなくすべき問題であり、活動のネタではありません。だからこそ活動でみなさんに届いた子どもの声を基盤に活動を続けるだけでなく、社会を変えるアクションにつなげていってほしいと考えています。

あわせて、実践を始めた方々や、活動に関わるサポーターからは、子どもとの関わりに悩むことや、子どもが抱えていた困難が自分たちの知識やスキルでは対応が難しく、疲弊していくという声も増えてきました。

支援者支援の必要性をあらためて実感し、そのような思いから『子ども★の貧困対策に地域で取り組む支援者のアクションサポートBOOK～とらのまき～』を制作しました。

さらにそれをテキストに全10回の研修会として、2016年12月から「子どもの貧

★『子どもの貧困対策に地域で取り組む支援者のアクションサポートBOOK～とらのまき～』
頒価2000円

困対策に地域で取り組む支援者のためのアクションサポートＳＣＨＯＯＬ」を開催しました。これから地域で活動を立ち上げようとしている方だけでなく、今も活動しているけども活動に行き詰まっている、活動をどのように発展させていくか悩んでいる方も対象にした研修となりました。

自分に向き合い、関わりのなかでしあわせをつくる「対話」

全10回のサポートＳＣＨＯＯＬを通じて、多くの学びを得ました。そのなかでも特に「対話」の重要性を各講師が語っていました。「人と対等に話す」という意味をそのまま実践するのは、思いのほか難しいことです。講師からの学びと、各現場での声を総合すると、相手との関係づくりやその関係の質をよいものにしようと心がけておかないと、子どもに対しても、スタッフやボランティアに対しても、連携先に対しても、考えの共有や行動がうまくいかないといったことが起こってしまいます。

関係をよくしたいから対等性を保って話をしようとしているのに、その前に関係づくりというのはわかりにくいかもしれませんが、相手がどういう条件がそろっていれば話しやすいか、本音を言いやすいか、といった環境を整えることが大切です。特に子どもは、安全や安心といった環境をつくってはじめて、表現するものがあります。

子どもの貧困対策に地域で取り組む支援者のための
アクションサポートSCHOOL　テーマ

1限目	**活動はどこを目指すのか？** 活動をこれから始めるにあたってのゴール設定はどのようにするのか――対象の子どもから考える。
2限目	**子どもの背景を見通す** 関わっている子どもの家庭背景を知るために、エコマップや生活シミュレーションなどのワークをしながら学ぶ。
3限目	**現状と社会・目の前の現実と社会をつなぐ** 社会的（国や都道府県）なことと、目の前（市町村や地域）で起きていることの数字（データ）や出来事をつなぎ直す。
4限目	**今「やるべきこと」は？** 現状とどんな社会になってほしいのかをふまえて、自分としてやるべきことを考える。
5限目	**ミクロ実践（対話のしくみ）** 活動をつくっていくにあたって、より詳しく子どもを理解するために、アセスメントシートを作成する。
6限目	**メゾ・マクロ実践（事業化や組織化）** 計画書に沿って、活動をつくってみよう。 活動にはどんな要素が必要なのかを考える。
7限目	**実行に向けての資源** 実際に活動をするにあたって必要な資源とは何か？ ひと・もの・かねについて詳しく理解する。
8限目	**子どもが活動できるつながり** 活動を行っていくうえで、必要な人と人とのつながり、団体とのつながりをワークを使って考える。
9限目	**プランとチェック** 活動を行ううえで、考えたプランをチェックしてみよう。 どんなポイントをチェックするべきかを学ぶ。
10限目	**地域・社会へのはたらきかけ** 活動をどのように広げていくのか、また、伝えていくのかを知ることで、はたらきかけのしかたを学ぶ。

そして、おとなたちや地域や社会に向けても、自分たちの思いや取り組み、問題意識を伝えていくためには、情報の受け手がどのような環境や状況であれば、その情報を受けとめることができるかを考えておく必要があります。対等な位置から相手の声を聴く意識をもって、ちゃんと受けとめ、わからなければ聞き、自分の意思を表明するといった循環ができていることが活動をつくるうえでも子どもと関わるうえでも大事だということは共通しています。

また、他者と共存しながら社会で生きていくことが必要であるなかで「対話」を重ねることは、ウェルビーイング（健康とは身体的・精神的及び社会的に良好な状態）を実現に近づけていきます。対話の方法という手段がクローズアップされることも多いですが、ウェルビーイングを目指していくために不可欠な自己決定というのは他者との関わりのなかにあるため、関わりのなかでしあわせをつくっていく手法として対話が必要ということです。

あわせて重要なのは、自分のことにも向き合うことです。活動者は子ども（他者）へは思いを馳せるのですが、自分のことは後まわしになりがちです。自分のことを考えることで対話の際の自自身にわき起こる感情などを受けとめることができ、はじめて対話が成立し、真に連携できる体制や、賛同者を増やすことができます。

なにより子どもとの活動の一歩をつくり出すことができます。

CHAPTER 10

地域のつながりで貧困の再燃に備える

連鎖を防ぐだけでは将来の貧困に対応できない社会

子どもたちがこれから生きる未来は、どのようなものになるのでしょうか。不確実、不確定な未来です。収入を得られるようになったからと言って、お金だけで安心できる未来となるかは、今後の社会保障制度の見直しや景気によるところも大きいでしょう。少なくとも将来もいくつかの人生の節目で大きな支出をすることや、予期せぬトラブルによってお金に困ることはあると思います。収入を得ることによって数字上は貧困を脱し、連鎖を止めることができます。一方では将来お金に困る場面は無数

に存在しています。そのときに再び「困る」ことになれば「貧困の再燃」となります。では、どういう状態をつくることができていれば「困ることなく」その局面を乗り越え「貧困の再燃」を防ぐことができるのでしょうか。ぜひこのことを想像しながら、今の子どもたちに関わってほしいと思います。

子どもへの活動に参画することが地域社会の将来を支える

子どもが主体となる活動になりますが、子ども「だけ」の活動ではないのが、山科醍醐こどものひろばです。ここでは子どもとおとなが出会いますが、おとな同士も出会います。このつながりのなかで、おとな同士のライフステージを支え合う姿が見られます。ここに再燃を防ぐヒントがあると思います。例えば、親の介護や子どもの進学といった場面での相談をしていたり、ともに休みの日に交流をしていることもあります。これまで地域に縁がなかった方が活動を通じてつながり、地域活動に参加していく流れもできています。学生などは特に進学等で移住してきた人も多く、これまで地域に縁はなく、活動で縁ができ、防災時に情報が共有されるなど自分たち自身の生活や将来の支えにもなりえます。現在の地域では自治会への加入率が下がっていたり、元気なうちは活動されていますが、病気等になることで活動から離れるとともにつながりも切れることが増えています。だからこそ、別の支えとして、おとな同士も困ったときに頼り合える関係づくりを子どもへの活動のなかで経験しておくことが、備えにもなるのではと考えています。

社会福祉協議会などと取り組むフリースペースの可能性

時間軸で「貧困の再燃」に備えることを紹介しましたが、ここでは、地域へのセーフティネットを重層化させる視点で、「貧困の再燃」に備えることにふれておきたいと思います。これまで山科区では、地域の福祉専門機関が取り組む対象が限定されたサロンや、地域だけで取り組むサロンなどの居場所活動が存在していました。継続しているなかで利用者の固定化や利用者ニーズに応えにくい状況があるため、これまでの地域の居場所事業やサロン活動をかけ合わせた、新しいフリースペースをつくっていくことが住民主体で進んできました。制度に則った事業ではないため、設置を考えるそれぞれの地域でどのような場にするか対話を重ね、一度合議した内容をもとに運営をするというスタイルです。

もともとの福祉機関が取り組んでいた特性でもある専門性と地域で取り組んでいくという思いを重ね合わせ、反射的に対応するのではなく、その地域やそこに来所する人の課題に応える場づくりを目指しています。各小学校区というわけではないですが、各地域で実践されていることから小規模なフリースペースとして運営しています。住民・来所者ニーズから活動をつくるため、多機能な場にもなっています。また、山科区内に数多くできることから、生活圏で歩いて通えるだけでなく、生活圏だからこそ通いたくない方には、他の地域のフリースペースに越境できるということも生まれています。近すぎず、でも遠すぎないという場です。

このようなチャレンジは、他の支援と支援の隙間を埋める効果もあり、また家への直接訪問ではなく、家と専門施設の中間点にお互いが一歩ずつ歩み寄るスタイルとしても互いのハードルが下がっていると考えています。もともとフリースペースですので、子どもも利用できるのですが、現状は平日日中の開設になっているため、子どもの利用が難しくなっています。フリースペースの運営者たちからは、子どもが使える時間にも開設できないかという声もあがっており、今後さらに広がりを見せていくと期待しています。最終的にはこのような場が、子どもが将来困難を抱えたとしても駆け込むことができる場になることも考えられます。

社会・地域そのものの価値観の転換

あらためて、山科醍醐こどものひろばの思いを確認してみます。

「すべての子どもを対象に、鑑賞活動や子どもたちが創る活動などを行うことによって、子どもたちを取り巻く文化環境・社会環境を充実させ、子どもたちののびやかで豊かな成長に寄与することを目的とする」(山科醍醐こどものひろば定款より)

この思いを見ていただいてわかるように、子どもが育つ「環境」にどのように働きかけていくかということを大切にしています。それは、子どもを「変える」ことではなく、子どもという種が、根を張り、芽吹き、葉を付け、花を咲かせ、実を付けることができる畑の土や日当りや雨風などの環境に対して働きかけることだととらえています。活動にやってくる子どもからは、おとなは怒ってばっかり、ルールばかり、いちいち指示をしてくるという声が聞こえてきます。これは環境より、子どもを変える働きかけとなっています。そして、その環境になじめず山科醍醐こどものひろばに避難をしてくる子どもがいます。家庭や学校はしつけや教育というなかで指導的になりがちです。そのなかで、地域も同じでは意味がありません。第三の居場所とも言いますが、三つ目の場所が大事なのではなく、子どもが求める「もうひとつの場」が必要であり、その場に求められる役割をぜひ考えていかないといけません。地域の中にどのような場・考え方が必要かという価値観について議論し、そこで「貧困の再燃」に備えるための環境についても考えていくことが大切です。

「人間浴」と「ひとつながりの育ち」を保障

山科醍醐こどものひろばとしての思いを「貧困の再燃」にどう備えるかという視点から、子どもと多くの人が交流し合う「人間浴」をあらゆる活動のなかでできればと意識しています。そして、事業づくりも子どもの育ちをひとつながりにとらえ、つながりある活動づくりをしようと設立時から取り組んでいます。団体として主催する事業としては、この部分を実践できる状況が生み出せていますが、やはり不十分な部分もあるのが現状です。

不十分な部分というのは、中学校卒業以降の年代への関わりの事業や、その年代が所属する高校や就職先との連携、そして所属がない若者との関わりです。これは貧困対策としても、収入や自立した生活に向けて、今後力を入れる必要があります。

また、子どもたちが過ごす時間は、こどものひろばの主催事業以外でのほうが長いからこそ、より子どもの暮らす地域で活動を展開していくことが必要と感じています。これについては、乳幼児の活動としては、これまで地域子育て支援拠点事業として取り組んできた0歳から3歳の親子を対象にした取り組みを、出張する事業として始めました。

そして、拠点がない地域での実践として、社会福祉法人との連携による取り組みも始まりました。そのひとつは、保育所で地域の方々と協力した「ごはん会」です。企業の協力も得られ、食事や交流の時間をもっています。

高齢者福祉施設では、地域に開放しているコミュニティカフェを活用して、中学生や高校生の個別相談や食事などの時間をもっています。

さらに地域の喫茶店の閉店後を使用させていただき学習支援も行う等、徐々に学区規模での実践が生まれ始めています。前述した「子ども遊び学び食堂・醍醐ネット」の動きのなかから活動を始めたいという声もあがっているので、今後、子どもの近くに絆創膏を貼ることができる保健室をつくっていきたいと思います。

人間浴で地域のなかで子どもに活動が届く広がりをもち、ひとつながりの育ちとして、時間軸を押さえながら、子どもたちの命・生活・人生を保障できる地域・社会にしていくことで「貧困の再燃」に備えていきます。

活動者・支援者を支える

活動が増えていくことにより活動を担うスタッフの負担は増えていきます。これは山科醍醐こどものひろばに限った話ではなく、どの活動現場でも起きています。子どもの育ちとともに歩むということは、かなりの年月がかかることでもありますが、活動者は短距離走のような全力疾走をし続けています。しかし、それではどうしても息切れしてしまいます。全力疾走が悪いわけではありませんが、そこまで全力で関わるからこそ、簡単にリタイアできる活動でも関係でもなくなってしまいます。だからこそ、休憩、給水、代走といった長く続ける工夫も同時につくっておくことが大切です。

現在、活動をし始めた京都市内の団体へは、京都市と協力して、「京都市子どもの居場所づくり支援事業」の一環で事業アドバイスや相談支援などもスタートしています。前述もしましたが、あらためて支援者支援の体制づくりと、解決に向けた専門性の向上を図る研修などのしくみをこれからさらに充実させていきます。

家族・家庭を支える子どもへの支援

祖父母世帯の子どもや、親が病気などで家事ができない、また兄弟姉妹が多い世帯では、子ども自身が家事全般や保育所の送り迎えなどを行っていることも少なくありません。外から見ればしっかり者でがんばっている子に見えるとは思います。しかし、友だちと同じように部活動や塾に行くこと、週末に遊びに行くことなどを同時にすることはかなり厳しいです。中学生が夜中まで家事をして朝3時に起床して家族の食事や弁当を準備するという話もあります。これらを美談として語るのではなく、ほかの子どもが同じ時間にしているさまざまな体験や挑戦、そして休息を届けていくことも重要です。

このような場合は家庭全般の支援となるため、現段階の活動では不十分ではありますが、今後、関係機関との連携を強化し活動していく必要があります。それが実現しなければ、「貧困の再燃」に備えるどころか、貧困が連鎖していくことになります。

ここまであげただけではなく、地域で取り組むべき活動は無数に存在しますが、それらを子どもの声からひとつずつ、一歩ずつ形にし、安心して育つことのできる環境を整えていくことが重要となります。そして、子どもの貧困対策となってから、子どもへの活動に比重が大きくなりましたが、実際に子どもの負担を減らすためにも、家庭、学校、地域への支援も重要になり、あわせて制度自体もそれらの負担を軽減することも大切です。

子どもへの動きとは逆に、生活保護制度はじめおとなへは厳しい状況も生まれていますが、子どもが育つ環境全体をどのようにしていきたいのかという議論とあわせて行うことで、未来に貧困を生み出さない、貧困の再燃のない社会になるのではないかと思います。

CHAPTER 11

子どもの権利を意識したしくみの提案と文化づくり

ここまで、山科醍醐こどものひろばが、この4年半で取り組んできたことと、その取り組みを生かして広げてきた実践や、伝えていくための取り組みについて見てきました。あらためて整理すると、以下のようになります。

① 子どもと出会い、子どもから活動を始める
② 地域の住民や学校、関係機関、そしてアンケート等から活動の必要性をとらえる
③ ①②をふまえ、あらためて子どもとともに必要に応じた活動をつくる／つなぐ
④ 子どもの状況をふまえ、子どもがアクセスしやすい環境と必要な体制、ネットワークの構築

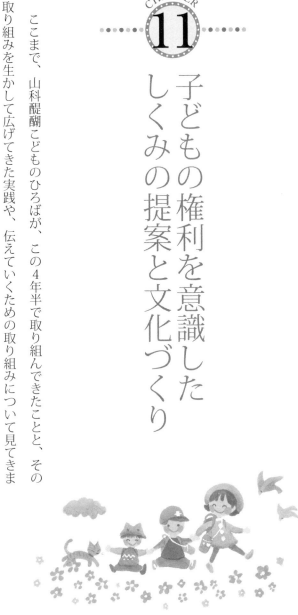

⑤ 子どもとの活動を続けつつ、子どもの声からとらえた問題の改善に向け各所への働きかけ

⑥ 制度の改善が必要な場合は、全国のネットワークで力を合わせ代弁的提言

⑦ 関わるスタッフ、関係者へのフォロー／活動ふり返り

⑧ 子どもの受け入れを通じて、家庭とのコミュニケーション

⑨ 継続的なサポートができるよう、事業／団体の基盤強化

⑩ 子どもが地域でより安心に暮らすことができるよう、地域での子どもの貧困問題などへの周知／啓発

このような流れや項目がポイントになります。子どもの貧困問題の解決は、子どもがもつ権利からするとあたりまえに保障されているものであり、特別に与えられる活動ではありません。みんなと同じく「今」「これから」をこのまちで暮らしていくうえで、みんなと同じように権利を尊重される環境を整えていくことが必要となります。

そして、このような流れがしくみとしてできたからと言って、子どもの権利が尊重されるものではありません。大切なのは、このしくみにどのような価値や文化を構築し浸透させていくかになります。いくつかポイントをあげてみます。

① 「子ども」が主体であり、「子ども」が主語で語られる活動

② 「子どもが」ではあるが、「子どもだけ」ではなく、「あなたもわたしもともに」

③ 「子どもの困りごと」として「おとな(他者)の判断」で勝手に判断／評価しない

④ 活動・場所だけが居場所ではない。どこにいても安心、安全を感じることができる「人間浴」

⑤ まずは関係づくりから

⑥ できていない(まだ子ども自身のものになっていない)ことへの指摘などの言葉がけ(引き算の言葉がけ)より、できていること、積みあげてきたこと(子ども自身に身に付いたもの)への言葉がけ(足し算の言葉がけ)**(図5)**

⑦ 子どもたちがこれから先も安心してまちで暮らし続けられるようなまちづくり(子ども時代だけでなく一生を安心して暮らすことを見通す)

⑧ 子どももおとなもともに立場を超えて暮らし合うために、価値観や背景などそれぞれのこれまでを否定せず、対話を意識して

もちろん、これが正解ではなく、こういったことから議論をし、あらためて地域の子どもが育つ環境をつくる文化を構築し、それを磨きながら伝えていくといった「地域文化の構築」をすることで、子どもの貧困という問題を地域として克服していくの

図5●言葉がけの意識

足し算の言葉がけ
対等・対話・モデル・主体性

- 本人の現状からどのようなことができたかを自覚し理想(なくてもよい)に向かってどれだけ「できたか」を認識。

引き算の言葉がけ
上下・指示・指導・評価

- 理想からどれだけ離れてるかを伝えることで「できないこと」を認識
- 比較対象があり序列

ではないでしょうか。さらに、社会の在りようもそこから議論し提案していくことも大切です。

子どもソーシャルワークは、子どもから、子どもに必要な社会資源をつくること、制度や支援につなぐだけでなく、子どもから出発しどのようなまち・文化・政策・環境をつくるのかという価値創造も含めた実践が求められています。未来にどのようなまちをつくるのか、子どもたちといっしょに考えていきましょう。

最後に、まちに蓄積された、あらゆる有形無形の財産・生き方をあらゆる子どもに再分配し、安心で豊かに育ちあえるまちを創造したいと思います。

Sharing smile with your neighbor makes the world a better place.
「笑顔を隣人と分かち合えば、世界はもっと良い場所になる」

最後まで読んでくださったみなさま、ぜひ、最後に笑顔を。
もし、お近くに人が居られれば、実際に笑顔を交わしてみてくださいね。

子どもの相対的貧困率の推移

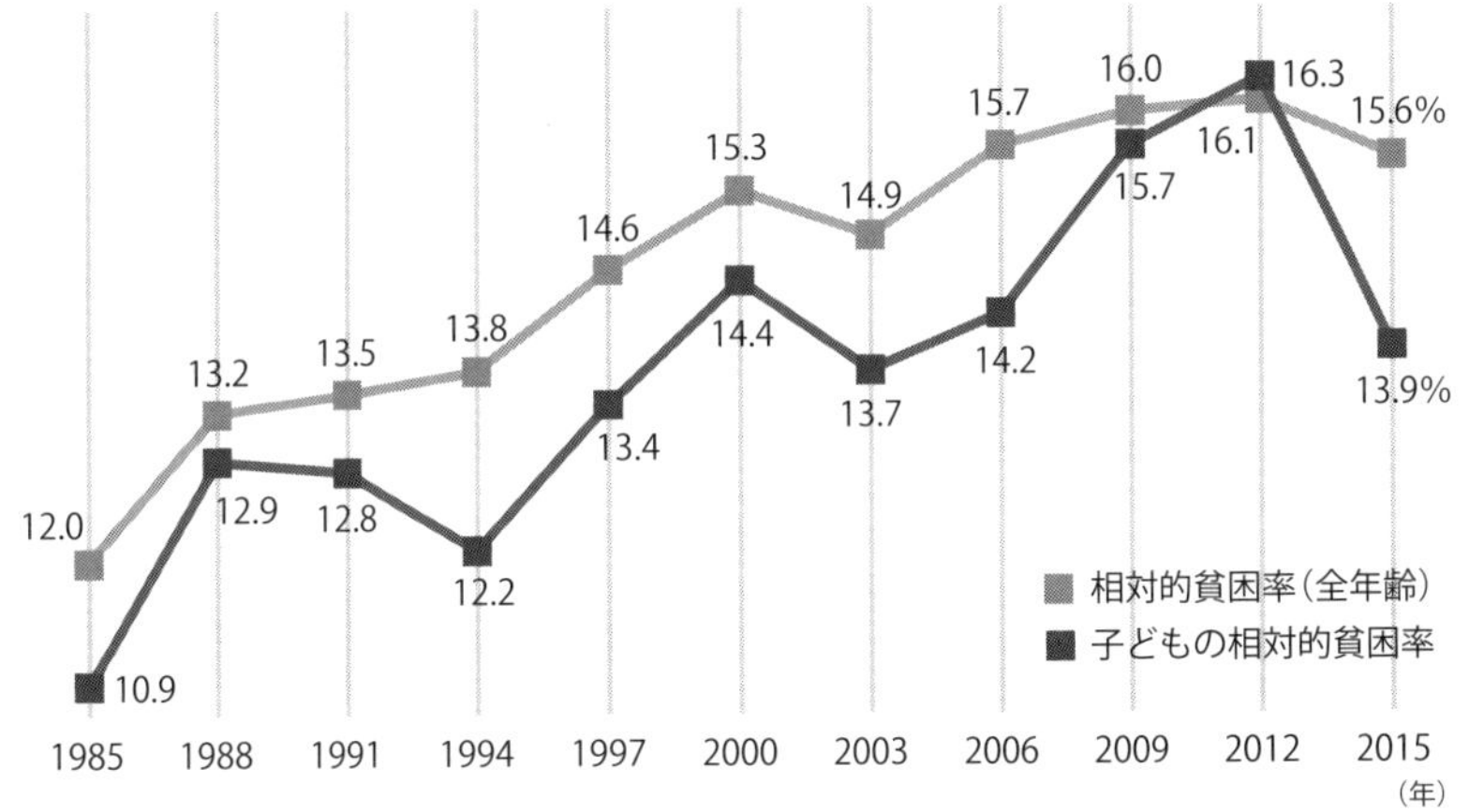

資料出所：厚生労働省「平成28年 国民生活基礎調査の概況」2017年（2015年時点）

子どもの相対的貧困率とは

相対的貧困率は、国民1人ひとりの所得を順番に並べ、中央の値の半分未満の人の割合です。この場合の所得とは、収入から税金や社会保険料を差し引いた1人当たりの所得を指します。厚生労働省「平成28年 国民生活基礎調査の概況」(2017年)では、年間122万円が貧困ラインになりました。「子どもの相対的貧困率」は、この貧困ラインを下まわる世帯に属する17歳以下の子どもの全子ども数に対する割合になります。

特に、ひとり親家庭の貧困率は高く、50.8%になります。また、保護者が一生懸命に働いても、不安定な雇用や非正規雇用などの低賃金であるために貧困から脱することができないということも大きな問題です。

しかし、この数値だけでは、子どもたちが貧困によって生きにくさを抱え、夢や希望をもちにくく苦しみの中にいる、そのリアルは伝わってきません。

（幸重忠孝）

子どもの貧困対策推進法施行から4年

幸重忠孝

前作では、「子どもの貧困対策推進法」制定前に、NPOが取り組んだはじめての子どもの貧困対策を紹介しました。法律ができたことで、子どもの貧困対策への社会の関心は高まり、政府や自治体の取り組みが進み、民間のさまざまな活動も誕生しています。

その一方で、法律ができたときに高まった期待が、どんどんしぼんでしまっている現実もあります。それは、子どもたちの姿を見ようとしない子どもの貧困対策。

例えば、政府の子どもの貧困対策においてキーパーソンとしてあげられているスクールソーシャルワーカーは、数を増やすことが優先され、子どもの貧困対策で担うべき役割についての議論はほとんどされていません。

その結果、対応件数を増やすために、スクールソーシャルワーカーを学校やケース会議に派遣し、福祉アドバイザーのような仕事しか与えていない自治体も少なくありません。子どもたちやその家族、彼ら彼女らが生きるまちを知らずに、学校や関係機関にマニュアル的なアドバイスをするだけの姿は、私が思い描いている子どもの貧困対策のキーパーソンとは真逆の姿。

そこで本書では、私が行っている滋賀県や仲間のスクールソーシャルワーカーたちをモデルにした子どもの貧困対策への実践を盛り込みました。

また、法律ができたことの変化として、今まで「子どもの貧困」と関わりの薄かった団体や人、マスメディアが数多く参入してきました。

残念に感じるのは、せっかく多くの団体や人が関わるようになったのに「本当の貧困（対策）」探しの対立（「あの人は貧困課題を理解していない」「あの団体のやり方はまちがっている」など）が、あちこちで生まれてきていることです。

本書で私たちが目指す「貧困とひとりぼっちのないまち」は、対立や縦割りではなく、さまざまな人や団体との相互作用によってつくり上げるまち――それが「まちの子どもソーシャルワーク」が願うまちです。

子どもソーシャルワークと「まち」の文化づくり

村井琢哉

前作刊行から4年半が経過し、子どもの貧困対策の活動や制度が増えども、目の前の子どもたちが抱える困難や排除、いじめ、虐待といった状況が改善された実感を得られない場面に多々直面しました。さまざまな団体の活動のお手伝いもさせていただき、また、多くの方々の活動のご相談に乗ることも増えるなかで、ふと、関わる方々の子どもへのまなざしがあまり変化していないことに気づきました。

せっかく多くの方々が活動をしているのに、子どもからひっそりと漏れ聞こえてくる「おもしろくない」「学校と変わらない」「もっと自由にしたい」といったおとなへの不満。そのような気づきから、政策やしくみ、必要な活動のノウハウの提案だけでなく、地域でどのように子どもと「育ち

合う」のかを地域の方々と活動のなかでともに語りつくり上げていくことと、そのような「まなざし」や「価値観」といった子どもと関わる文化について広げていくことが、「まち」での実践では必要だと感じ、本書執筆とさせていただきました。

子どもと関わる文化を「まち」として考えていくことは、従来からの山科醍醐こどものひろばの活動スタイルでもあります。本文では、「足し算の言葉がけ」の話を紹介していますが、それが正解ということではなく、多くの人が交流し、そのなかで紡がれる言葉のなかからそれぞれの「まち」の文化ができてくると思います。そしてそれは、地域事情に左右されないものにもなっていきます。

一方で、子どもの貧困対策としてまちが主体的になってはきていますが、生活保護制度など公的な支援が削られていく状況も生まれています。そのような社会のしくみへの公的責任を問い、保障が削減されないよう抗い続けつつも、子どもと直接的にふれあう場面が、これまでのおとなの価値観によるルールや指導などで再び排除や暴力とならないために、あらためて、まちで子どもと関わる文化づくりに取り組むことも、「まちの子どもソーシャルワーク」の大切な機能だと思っています。

●紹介

■こどもソーシャルワークセンター
（幸重社会福祉士事務所）

まちのソーシャルワーカーとして地域を支える活動を「子どもソーシャルワーク」と命名し、その仲間を全国に広げていく取り組み進めています。

〒520-0032　滋賀県大津市観音寺9-8
TEL　077-575-4378
E-mail　office@cswc2016.jp
ホームページ　http://cswc2016.jp/

■特定非営利活動法人 山科醍醐こどものひろば

地域に住むすべての子どもたちが、心豊かに育つことをめざし、地域の社会環境・文化環境をよりよくすることを大きな目的に活動しています。

〒607-8085　京都市山科区竹鼻堂ノ前町18-1
TEL　075-591-0877
E-mail　kodohiro@gmail.com
ホームページ　http://www.kodohiro.com/

●プロフィール

幸重忠孝●ゆきしげただたか

こどもソーシャルワークセンター（幸重社会福祉士事務所）代表、スクールソーシャルワーカー。特定非営利活動法人 山科醍醐こどものひろば前理事長。

花園大学大学院社会福祉学研究科修士課程修了。社会福祉士。

学生時代よりボランティアとして、こどものひろばの事業に従事し、2009年8月～2013年4月まで理事長。常に活動現場に身を置きながら、子どもたちが必要とするモデル事業をつくり出し、子どもの声を社会に届ける活動に取り組む。

共著書に『スクールソーシャルワーカー実務テキスト』学事出版、2016年。『子どもの相談・救済と子ども支援』日本評論社、2016年。

村井琢哉●むらいたくや

特定非営利活動法人 山科醍醐こどものひろば理事長。公益財団法人 あすのば副代表、関西学院大学大学院人間福祉研究科前期課程修了。社会福祉士。

子ども時代より親と子の劇場の活動に参加し、運営の担い手に。2010年より事務局長、2013年5月より理事長。多様な子どもとの活動を支えるボランティアのコーディネートや地域連携による社会資源の開発に取り組む。

2015年4月より「子供の未来応援国民運動」発起人、同年6月、子どもの貧困対策センターあすのばの設立に参加。

共著書に『子どもの貧困に向きあえる学校づくり——地域のなかのスクールソーシャルワーク』かもがわ出版、2017年。

まちの子どもソーシャルワーク

子どもの貧困対策
第2ステージ

2018年 2月 3日　第 1 刷発行

著　者■幸重忠孝
■村井琢哉

発行者■竹村正治
発行所■株式会社　かもがわ出版
〒602-8119　京都市上京区堀川通出水西入
TEL 075-432-2868　FAX 075-432-2869
振替　01010-5-12436
ホームページ　http://www.kamogawa.co.jp
印刷所■株式会社 光陽メディア

ISBN　978-4-7803-0924-9　C 0037